새로운 세계를 위하여

약 수
장선덕 칼럼집

새로운 세계를 위하여
약수 장선덕 칼럼집

초판1쇄 발행 2024년 8월 12일

지은이 장선덕
펴낸이 이길안
펴낸곳 세종출판사

주소 부산광역시 중구 흑교로 71번길 12 (보수동2가)
전화 463-5898, 253-2213~5
팩스 248-4880
전자우편 sjpl5898@daum.net
출판등록 제02-01-96

ISBN 979-11-5979-700-2 03810

정가 15,000원

이 책은 저작권법에 따라 보호받는 저작물이므로 무단전재와
무단복제를 금지하며, 이 책 내용의 전부 또는 일부 내용을 재사용하려면
사전에 저작권자와 세종출판사의 동의를 받아야 합니다.
* 잘못된 책은 교환해 드립니다.

새로운
세계를
위하여

약 수
장선덕 칼럼집

장선덕 지음

세종출판사

머리말

파리 올림픽경기가 현재 진행중이다.

한국선수들은 축구나 농구 등 구기球技에는 세계수순에 이르지 못한다. 하지만 공기소총과 양궁 같은 종목에는 세계선수권들을 제치고 메달을 목에 걸고 있다.

올림픽이라고 하면 한국인들은 과거 마라톤 경기의 우승자 '손기정' 선수를 상기하게 된다. 한 세기에 한번 있을까 말까하는 바늘구멍이다.

최근 한국선수들은 활쏘기가 전통적으로 강한 편이다. 이번 올림픽 경기에서 공기 소총과 양궁 종목에서 메달을 목에 거는 것을 보고서 뜨거운 박수를 보낸다.

우리는 올림픽에서 메달을 목에 거는 것처럼 국가 경제를 신장하고 국민들의 삶의 질을 개선하는 일에 국력을 집중하는 일이 매우 중요하리라고 생각한다. 일상생활 수준의 향상을 위해 전 국민이 힘을 쏟아야만 이룰 수 있을 것이다.

『새로운 세계를 위하여』- 이 책은 저자가 약수 장선덕 칼럼집 제1권에 뒤이어 내놓는 제2권에 속하는 셈이다.

저자의 건강이 이전만 같지 않아 이 칼럼을 집필하는데 매우 힘든 경험을 가졌다. 그러나 저자로서는 매우 뜻깊은 경험을 가졌다고 생각한다. 독자 제현의 일독을 권유하고 싶다.

2024년 8월

장선덕

차례

머리말 • 4

Ⅰ. 정치와 경제와 리더십

창조인의 가치관	13
정신적 지주支柱	19
정의正義란 무엇인가	25
동기動機와 결과結果	37
이지메(학대)와 체벌	41
루나회(Lunar Society)	48
근대 세계 패권국가	52
경제력經濟力이 강한 나라 – 영국	54
유방과 항우의 리더십	63
강희 황제의 리더십	74

Ⅱ. 전쟁과 핵과 항공모함

북한 핵 실험 유감	83
투키디데스(Thucydides)의 함정	91
8·15 광복	93
미국항모에 대한 연습표적과 지하장성	108
시진핑習近平 강체제의 강국전략強國戰略	110
미국과 중국의 무역전쟁	116
중국 근·현대사	123

Ⅲ. 기후 변화와 미·중 대결과 스포츠

지구온난화	129
기후변화 역습 - 취약계층을 돌볼 특별 대책 세워야	136
생물다양성조약	138
동영상 백년전쟁	143
생선초밥	150
어린 시절의 낭만과 명희형	154
메이저리그 20·20 클럽 입성	166
미국 메이저리그 MVP에 도전하라	170
매화	174

Ⅳ. 꿈과 도전과 실천

해양오염과 대책	179
산악인 엄홍길의 용기와 도전정신	192
대항해시대 - 콜럼버스의 야망	200
트랜지스터 발명	205
인연因緣	215
화려한 약속과 우울한 성과	222
한탄강 유네스코 지질공원 인증	225
월드컵 주역 유상철 감독 하늘로 떠나	228
고대 올림픽	231
꿈 실현의 방정식	236
인성人性에 관하여	258

I

정치와 경제와 리더십

창조인의 가치관

파우스트 1장 1절에 "태초에 행동이 있었느니라."라는 말이 있다. 여기에서 행동이란 노래하고 춤추고 뛰어노는 유희성 행위가 아니고, 무엇인가를 생산하고 창조하는 노작성행위라고 하겠다.

우리 인간은 무엇인가를 생산하고 창조하기 위해 세상에 태어났다. 따라서 인간은 창조적 동물이라고 할 수 있다.

돌이켜 보면, 인류의 역사도 창조적 의지의 점철이며, 그 창조물 곧 피조물의 집적이라고 할 수 있다.

<버트란드 러셀>은 인간에게는 세 가지의 욕구가 있다고 했다.

첫째는 소유욕구(Possessive impulse)이고

둘째는 유희욕구(Enjoyment impulse)이며

셋째는 창조욕구(Creative impulse)이다.

이 세 가지 욕구는 깊은 상관관계를 갖고 있다. 즉 소유욕구와 유희욕구를 충족시키기 위해 창조욕구를 발휘해야 하고, 창조욕구를 효과적으로 발휘하여 많은 결실을 거둠으로써 소유욕구와 유희욕구를 충족시킬 수 있다.

창조욕구란 인류 문화의 발전에 원천적인 힘이라 할 수 있다. 그러므로 우리는 소유욕구와 유희욕구를 적절히 자제하고 통어하면서, 창조욕구만 한껏 발휘해서 많은 것을 창조해야 할 것이다.

첫째, 창조인은 모름지기 적극적이고 능동적이라야 한다. 그렇지 않고는 창조인이 될 수가 없다. 모든 일에 앞장을 서는 사람, 모든 일에 솔선수범하는 사람이라야 창조가 가능하고 생산이 가능하다.

둘째, 창조인은 모름지기 개척적이고 도전적이어야 한다. 수구적이고 수동적인 사람은 창조인이 될 수 없다. 발전적 자기변모를 위해서는 부단한 개척과 도전이 필수적이다.

셋째, 창조인은 모름지기 진보적이고 개혁적인 사람이라야 한다. 보수적이고 현상고착적인 사람은 창조인이 될 수 없다. 변화와 개혁에서 발전은 이루어진다.

넷째, 창조인은 모름지기 봉사적이고 희생적이라야 한다. 자신의 안일, 자신의 이익, 자신의 영달만 추구하고, 봉사와 희생을 모르는 사람은 아무것도 창조 할 수 없다.

다섯째, 창조인은 모름지기 성실하고 근면해야 한다. 불성실하고 나태한 사람은 창조인이 될 수 없다. 논어에도 불성무물不誠無物이란 말이 있다. 성실하지 않으면 아무것도 이룩할 수 없다는 말이다. 프랑스의 유신론적 실존철학자 가브리엘, 마르셀은 "인간에게 두 가지 덕목이 있다. 하나는 성실성이요, 다른 하나는 소박성이다."라고 말했다. 사람에게는 세 가지의 액체가 있다. 피와 땀과 눈물이 그것이다. 피는 용기, 땀은 성실, 눈물은 정열이다. 이 세 가지 액체를 많이 흘리는 사람일 수록 많은 것을 성취할 수 있고, 많은 것을 실현할 수 있다.

여섯째, 창조인은 모름지기 전문적 지식을 가진 전문가(professional)가 되어야 하고, 그 바탕 위에서 탐구력, 유추력, 창의성(creativity)을 최대한 발휘해야 한다. 유추지수(AQ)와 창조지수(CQ)가 부족한 사람은 어떤 것도 창조할 수 없다.

일곱째, 창조인은 모름지기 관계성(relationship)이 강해야하고 사회화의 지수(SQ)와 도덕지수(MQ)가 높아야 한다. 오늘날의 경쟁 양상은 대립과 갈등에서, 공존과 상생으로 변하고 있고, 기업경영도 규모의 경영에서 시스템(system)경영으로, 피라미드 경영에서 네트

워크 경영으로 변하고 있다. 따라서 원만한 인간관계(human relation) 와 협동, 화합, 단결의 덕목이 요청된다.

여덟째, 창조인은 모름지기 시대 변화를 기동성 있게 예견하는 지평의 눈(선견력, 先見力, horizon)을 가져야 하고 그 변화에 대처할 수 있는 선각적인 사람이라야 한다. 우리가 살고 있는 정보화시대는 산업화시대와 비교하건대 많은 것이 달라졌다. 세상이 크게 그리고 급격하게 바뀌고 있다. 거대한 변화의 물결(mega trend)이 걷잡을 수없이 빠른 속도로 밀어 닥치고 있다. 창조자들은 이러한 변화를 긍정적으로 받아 들여 자기발전의 기회로 삼았기 때문에 기업경영에 성공할 수 있었다.

"변화를 지배하는 자가 성공한다."

— 톰 피터스(미래학자)

"과거에 당신을 성공으로 이끌었던 바로 그 비결이 새로운 세계에서는 통용되지 않을 것이다."

— 류 플랫(Lew plart),
<휴렛 팩커드(Hewlett packard)> 전회장, CEO

"우리가 알고 있던 세계는 이제 끝이다."

— 피터조지스큐(Peter Georgescu),
<영 앤 루비캄(Young&Aubicam)> 회장, CEO

"늦기 전에 변화하라" "시기를 놓치지 않는 과감한 구조조정을 하라. 타이밍(Timing)을 놓치면 생존할 수 없다."

— 잭 웰치(John F. Welch),
<제너럴 일렉트릭(General Electric)> 전회장, CEO

이와 같이 세계적인 대가로 인정되는 CEO들의 이야기를 인용해 보았다.

시대변화를 예견하지 못하는 사람은 촉각이 마비된 곤충과 같다. 예민하고 기동성 있게 변화를 추구하지 못하면 낙오한다. 발전은 커녕 생존도 불가능하다.

아홉째, 창조인은 모름지기 인간의 존엄성을 높이 사고 예지叡智를 개발 할 줄 알아야 한다. 산업사회에서는 경쟁력의 원천과 인간이 탐구할 대상이 물질문명, 즉 아톰(Atom)이 있으나 정보사회에서는 정보문명, 즉 비트(Bit)로 옮아진다. 경제 권력의 바톤이 물질에서 정신, 자본에서 지식으로 바뀐다. 농경사회가 자연에서, 산업사회가 자본에서 각각 가치를 창출해 내었다고 한다면, 정보사회에서는 정신과 지식에서 가치가 창조된다.

자연에 존재하거나 인간이 만들어낸 재화가 아니라「인간의 두뇌」에서 재화財貨 곧 부富가 창출된다. 앨빈 토플러(Alvin Toffler)는 그의「권력의 이동」에서 이러한 상황을 "인간자신이 생산의 주체이자 수단이 되었다." "사실상의 생산 수단을 소유한 새로운 형태의 피고용자가 출현하고 있다."고 규정했다. 고용주와 피고용자, 생산수단을 겸한 이 새로운 경제주체主體가 바로 뇌본가腦本家이다. 따라서 지식, 정보화시대의 가장 존귀한 존재는 곧 사람이다.

사람의 존엄성을 인정하고, 사람의 소우주성小宇宙性을 최대한 개발하려는 의지를 가져야만 새로운 천년에 맞는 창조인이 될 수 있다. 인간경영, 인간관리, 인력개발이야말로 새 시대가 요구하는 가장 핵심적인 과제가 아닌가 한다.

열째, 창조인은 모름지기 투철한 소명의식召命意識을 가져야만 한다. 자기 일에 대한 소명감이 없는 사람은 아무것도 이룰 수 없다. 어떤 절대자가 나의 자질과 능력 그리고 실천적 의지를 믿고 맡긴 일이 지금 내가 하고 있는 일이라는 신탁信託 정신 즉, Calling정신이 없고서는 창조인의 역할과 기능은 불가능 하다.

이와 같이 창조인의 가치관을 간략하게 약술해 보았다. 우리 모두 우리 스스로의 값진 자기실현(Self Realization)을 위해서나 소속하고 있는 공동체의 발전을 위해 창조인의 가치관, 창조인의 신념, 창조인의 행동원리, 창조인의 생활규범에 투철한 사람이 되어야 할 것이다.

정신적 지주 支柱

위기와 갈등, 불안으로 인하여 긴장된 생활 리듬 속에서 살고 있는 현대인에게는 정신적 이완과 심리적 안마가 필요하다. '논어'와 '노자'는 자연, 인간, 사회를 통찰하고, 세상을 바꾸는 철학을 담았으므로, 일상 생활과 인간 관계의 바이블이다. 현대인은 논어와 노자에서 난세를 돌파할 평정심과 균형감각 및 생존의 지혜를 배울 수 있다.

강한 것 보다 약하고 유연한 것을, 대의보다는 일상의 성실함을, 유용한 지식보다는 무용한 배움을 강조한 것이 노자다. 경쟁이나 권력, 명예가 아니라, 신의와 소통, 조화와 포용이 성공적인 인간 관계의 원칙이요 핵심이라는 노자의 가르침은, 중국인과 동양인을 넘어서 세계인의 삶을 움켜 잡는 힘을 가졌다.

헤겔은 '노자 철학은 그리스 철학을 능가하는 인류 철학의 원천이다.'라 했다. 톨스토이는 '나에게 가장 큰 영향을 끼친 사상가를 꼽으라면 노자다.'라 했다.

이(易, 2011)는 저서 <중국지혜>에서 '주역周易은 인간의 세계관과 방법론을 제시하였다. 중요한 것은 세상의 문제를 어떻게 볼 것인가를 가르쳐 주는데 있다. 중화민족의 사상의 원천이라 할 수 있다.'

아시아는 인류 문명의 요람이라고 말할 수 있다. 나일 강, 갠지스 강, 티그리스·유프라테스 강 및 황하 유역과 같은 고대 인류 문명의 발상지가 대부분 아시아에 위치한다. 고대 이집트, 바빌로니아, 인도 및 중국 등을 중심으로 철학이 현저하게 발전하였다.

그 중에서도 중국과 인도의 철학은, 그리스 철학과 더불어 세계 3대 철학으로 인정받고 있다. 20세기 독일의 철학자 야스퍼스(Karl Jaspers)는 기원전 800년-기원전 200년 사이에 동양에서는 이미 수준 높은 정신 문명이 형성되었다고 주장한 바 있다. 대 사상가인 공자, 노자, 석가모니, 소크라테스 및 유대교 시조들의 사상과 가르침은 인류 문명의 '정신적 지주'였다.

'유교 사상'은 중국, 한국, 일본 등 동아시아 국가의 문화에 매우 큰 영향을 미쳤다. 공자는 이성적인 사회질서를 확립하고자 했으며, 예치禮治, 덕치德治, 인치仁治를 실현하려고 노력했다.

공자는 개인의 수양을 바탕으로한 도덕적인 정치를 이루어 내려고 헌신하였다. 그는 여러 제자들과 함께, 인간의 의식주衣食住와 교통에 관한 규범을 만들고, 일상에서 이를 따르도록 계도啓導 하였다. 특히 그는 '인仁'을 '인간최고의 가치'라고 가르쳤다.

그의 가르침은 제자와 후대의 대가들에 의해 '논어論語'로 편찬되었으며, 오늘날까지 크리스트의 성경 다음으로 계속 많은 사람들에게 읽혀지고 있다.

'도가道家사상'도 유교와 함께 고대 중국인에게 깊은 영향을 미쳤다. 창시자인 노자老子는 '우주의 본바탕'을 탐구한 사람이다. 그는 우주의 만물은 각자의 규칙적인 운동과 변화의 법칙이 있다고 주장했다. 이것은 우주의 조화造化라고도 불린다. 노자는 이 우주의 법칙을 '도道'라고 했다. 우주 만물의 법칙과 부조리와 모순을 관찰·분석한 결과, 노자는 '인법지人法地, 지법천地法天, 천법도天法道, 도법자연道法自然'라고 주장하였다. 즉, '사람은 땅을 따르고, 땅은 하늘을 따르며, 하늘은 도를 따르고, 도는 자연을 따른다'라는 뜻이다.

여기서 '도'는 절대로 변하지 않는 진리로서, 인간은 반드시 이 도를 따라 행하여야 한다고 가르쳤다. 이 논리에 따라, 지위나 권력을 쫓거나 지나친 이익을 추구하는 일은 별 의미가 없고, 부도덕한 일이라고 보았으며, 인간이 도를 따르고 도에 따라 행동하게 되면 무병장수 할 것이라고 생각하게 되었다.

도가의 학설 중 몇 개만 제시하면,

清靜無爲 청정무위
> 맑고 조용히 지낸다. 욕심을 부리지 않으며, 자연 율법에 위배되거나 도덕적으로 옳지 못한 일, 타인에게 해로운 일을 하지 않는다.

返璞歸眞 반박귀진
> 높은 경지에 올라도, 외관상으로는 평범해 보인다.

順應自然 순응자연
> 자연의 법칙에 잘 따른다.

'논어'에서 볼 수 있는 공자와 그 제자들의 언동은 주로 현실사회 속의 도덕 및 기능의 향상과 대인관계 그리고 처신 행동 등에 집중된다. 한편 '노자'에는 천지자연의 활동과, 인간 개인 마음의 깊숙한 곳까지 파고 드는 깊은 사색을 묘사하였으므로, 현재에도 우리 마음을 흔든다. '논어'에 '노자'가 합쳐짐으로서, 중국의 사상은 폭이 넓어지고 깊이를 더하게 되었다. 따라서 유가와 도가의 사상과 철학은 중국인은 물론, 한국인, 일본인을 포함하는 동아시아 사람들의 전통 문화에 깊숙이 파고 들었다.

유가와 도가의 논리를 대비하면 아래와 같다(페이형쯔, 2009).
유가는 선천하지우이우先天下之憂而憂, 천하흥망필부유책天下興亡匹夫有責 즉, 천하백성의 근심을 먼저 걱정하고, 국가의 흥망에는 필부의 책임도 있다. 도가는 채국동리하採菊東籬下, 유연견남산悠然見南山 즉, 동쪽 울타리 밑에서 국화를 따서 유유히 남산을 바라 본다(도연명(陶淵明)의 시구에서 인용).

중국인의 문화와 사상은, 유가와 도가의 사상이 혼합된 복합적 영향을 받으며 지속적으로 변화·발전되어 오면서, 인류의 문명과 사상의 발전에 크게 공헌하였다.

2천년이 넘는 장구한 시간의 흐름속에서, 비바람에 시달리고, 서양의 계몽주의 사상에 짓밟히기도 했지만, 유가와 도가의 보배로운 가르침은 명나라와 청나라 때 유럽으로 건너가, 서양의 철학과 문화에 큰 충격파를 일으켰다. 이 사상은 프랑스의 계몽주의 철학자 볼테르(Voltaire)를 매료시키기도 하였다. 21세기, 정신의 세기, 마음의 세기에 유가 사상과 도가의 사상은 우리의 든든한 정신적 지주가 되기에 충분하다 할 것이다.

중국고전에는 인간관계에 관한 세 가지 특징이 기록되어 있다.

첫째, 중국 고전은 응대사령應待辭令의 길잡이다(야스오까, 安岡, 1985). 생활 속의 '인간관계에서 어떻게 대처하는가', 즉 '대인관계에서 대처방법'에 관한 문제를 다룬다.

둘째, 경세제민經世濟民이다. 조직과 사람을 다스리는 원리를 다룬다. 사람을 다스리는 기본 원리를 터득하여 '바른 정사'를 하는 구체적 지침을 다룬다.

셋째, 수기치인修己治人이다. 이것은 '사회의 지도자'에 관한 논의다. 조직과 사람을 이끌어 가는 기본적인 원리와 리더의 자질과 요건에 관하여 다각적인 해설을 한다.

중국고전은 인간의 도덕성 함양과 합리적 생활의 원리에 관한 보고라 할 수 있다.

석가모니는 장기간 수행 끝에 자비심의 중요함을 깨달았다. 불경에서는 탐진치(탐욕, 분노, 및 어리석음)라는 세 가지 악업을 들고, 탐욕을 버리라고 가르친다. 불경에 있는 팔정도八正道는 인간으로서 바르게 사는 방법을 가르쳐 주는 귀중한 문헌이다.

※ 참고

유가儒家
공자孔子 : B.C. 552 - B.C. 479
맹자孟子 : B.C. 4세기 - B.C. 3세기
순자荀子 : B.C. 4세기 - B.C. 238

도가道家
노자孔子 : B.C. 5세기경
열자列子 : B.C. 4세기경
장자莊子 : B.C. 4세기 - B.C. 3세기

정의正義란 무엇인가

　정의란 진리에 맞는 올바른 도리, 부정을 물리치는 바른 도리를 말한다. 옥스퍼드 사전에서 정의(Justice)는 바르고 공정한(right and fair) 행위나 조치를 말한다. 바르고 공정한 행위를 판단하는 기준은 무엇인가?

　고대 그리스 철학자 아리스토텔레스는 '정의란 사람들에게 그들이 마땅히 받아야 할 것을 주는 것(미덕)'이라고 했다. 18세기 칸트에서 20세기 존 롤스까지의 철학자들은 '정의로운 사회는 개인의 자유를 존중해서, 개인 각자가 좋은 삶을 선택할 수 있어야 한다'고 주장했다. 19세기 영국의 벤담(J. Bentham) 등 공리功利주의자들은, 경제적 풍요로움은 행복에 기여하기 때문에, '최대다수의 최대행복'을 추구하는 것을 정의의 핵심으로 보았다. 센델(1982)은 '공동체주의자'라는 표현을 쓰고, 알레스데어, 메킨타이어 및 테일러 등과 함께 공동체주의 이론가로 등극하였다. 즉, 고대의 '정의론'은 미덕美德에서 시작하였다. 하지만 근대의 '정의론'은 자유自由에서 출발한다. 정의 논쟁의 중요한 키 워드(Key Word)는 '미덕', '선택의 자유', '풍요로움' 그리고 '공동의 선善'이다.

미국 하버드 대학교 교과 과정에는 정의(Justice)라는 과목이 개설되어 있다. 마이클 샌델(Michael Sandel) 교수는 1980년 27세의 젊은 나이에 이 과목 담당 교수가 되었다. 이 학과목은 하버드의 가장 인기 있는 것 중에 하나로 등극했다. 과목 개설 이후 약 1만 5천명의 학생이 강의를 들었으며, 세계 언론에서 '하버드 백열 강의'로 보도 되었다. 일본 도쿄 대학 등에서 공개 강의를 하여 화제 파문을 일으켰다. 그의 저서 '정의란 무엇인가'는 한국에서도 번역되어 60만부 판매기록을 수립하면서 인기몰이를 하였다.

샌델 교수는 '정의란 무엇인가'라는 물음에 대하여 크게 네 가지 접근법을 들었다. '공리주의'와 '자유의 존중', '미덕의 촉진' 그리고 '공동의 선'이다.

'공리주의'는 많은 사람이 행복과 이익을 얻을 수 있는 결과를 정의로 보았다. '자유의 존중'은 개인의 자유 = 정의라는 등식으로 나타내었다. '미덕의 촉진'은 공서양속과 바른 행동을 정의로 한다라고 했다. 샌델 교수의 이 책은 이들이 과연 '정말 정의인가?'에 관하여 논하고 있다.

　이들 세 개의 정의는 모두 각각 장점과 약점이 있으며, 이중 어떤 한 개가 정답이라고 할 수는 없다. 특히 '자유의 존중'에서는, 자유를 무엇으로, 어떻게 정의하느냐에 따라 크게 달라질 수 있으며, 그는 여러 가지 사고방식을 제시한다.
　샌델은 이 세 개의 사고로부터 정치에 접근하는 방법이 있음을 발견하고, 의론을 더해가는 것이 중요하다고 했다. 현대 정치는 다양해졌고, 정당에 따라 주의주장이나 정책이 다르며, 사고와 접근 방법이 다르다. 사람에 따라 사고 방식이 다름은 당연하며, 간단히 결론이 나지 않으므로, 여러 가지 방법으로 생각하고 논의하는 것이다.

　첫째 공리주의다. 19세기 영국 철학자 벤담에 의해 체계화된 '최대다수 사람의 행복과 이익추구는 사회전체의 행복과 이익이 된다'라는 생각이다. 그러나 이것은 소수의 희생으로 성립된 사회를 긍정하고 있다. 샌델도 약자에 대한 경시를 지적한다.
　공리주의에 입각한 판단에는 '도덕적 가치관'이 배제되어 있다. 이에 대하여 '한 사람이 희생되면 나머지 모두가 살아 남지만, 그렇지 않으면 전원 죽게 된다'라는 극단적인 상황을 예로 들어서, 도덕적 가치관의 완전배제는 곤란하다고 주장하고, 결과만을 추구하는 접근방식이 정말 '정의'라고 할 수 있는가? 라고 의문을 제기한다.

둘째, 자유의 존중이다. '다른 사람의 자유를 침해하지 않는 한 무엇을 하든, 자기 자신의 신체를 어떻게 움직이든 자유다.'라는 자유 지상주의(Libertarianism)에 대하여, 독일의 칸트가 제창한 '자유이기 때문에 아무것이나 허용되는 것이 아니라, 도덕과 이성이 필요하다'는 사상을 제시하여, 자유에 대한 이해의 차이를 검증한다.

칸트의 '자율적으로 행동하는 것이 자유이고, 그것이 정의다.'라는 생각에 이해를 나타낸다. 그러나 샌델 교수는 그의 '사회적 관습을 떠나서 생각해야 한다' 논리에 대하여는 부정적이다. 그는, 인간은 지역이나 사회 같은 커뮤니티와 관련되어 있어서, 사회적 인습을 잘라버리는 것은 현실성이 없다고 주장한다.

셋째, 미덕의 촉진이다. 고대 그리스의 철학자 아리스토텔레스는 '무엇이 미덕인가를 이해하고, 이를 배양하는 것이 중요하다.'라는 철학사상을 제기했다.

미덕을 기르기 위해서는 정치에 참여하는 것이고, 거기서 도출된 공동의 선이 '정의'라고 자리매김하였다. 샌델 교수도 정치가 인격형성의 장이라고 생각하고 있으며, 정치에 참여하는 것은 지역과 사회라는 커뮤니티에 참여하는 것이라고 주장한다. 정의라던가 인간의 권리에 관하여 논의하는 경우에, 선과 미덕을 피해갈 수는 없는 것이라고 한다.

한편 현재 사회는 커뮤니티가 붕괴되어가고 있다. 이처럼 커뮤니티의 붕괴를 막는 일이 중요한 것이라고 공동체주의 이론가들은 주장하고 있다.

샌델 교수는 일본 NHK가 중계한 도오쿄의 대학 공개강의에서, 케이스 스터디를 통해서, 정의에 관해 알기 쉽게 해설했다. 이를 요약한다.

구명보트 사건

정의에 관한 토론에서 가장 빈번하게 등장하는 것이 구명보트 사건이다. 1884년 남대서양에서 심한 풍랑으로 난파선 미뇨넷트호의 영국선원 4명이 구명보트를 타고 표류중이었다. 구명보트에는 통조림 캔 2개 뿐이었다. 음료수도 없었다. 더들리 선장, 스티븐슨 일항사, 선원 브룩스, 그리고 17세의 고아 급사 파커 등 네 사람이 함께 타고 있었다. 8일 후에 음식이 바닥났다. 파커는 구명보트 한쪽에 기진맥진 누워 있었다. 충고를 무시하고 해수를 퍼 마시고는 배탈이 났던 것이다. 10여일이 지난 후, 더들리 선장은 제비뽑기를 통해, 다른 사람을 위해서 희생할 사람을 결정하자고 제안했다. 하지만 두 사람이 반대해서 채택되지 못했다.

다음 날도 그들을 구명해 줄 선박은 보이지 않았다. 더들리 선장은 스티븐슨 일항사에게 몸짓과 손가락짓으로 기진맥진한 파커를 희생양으로 하자는 신호를 보냈다. 스티븐슨 일항사가 대답하지 아니하자, 더들리 선장은 기도를 올린 후, 주머니 칼로 파커의 정맥 급소를 찔렀다. 하사품을 거절하던 두 사람도 마침내 자기들 몫을 받았다. 세 사람은 이 고아의 살과 피로 연명할 수 있었다. 수일 후 지나가던 선박에 의해, 세 사람은 구조되었다. 이들은 영국으로 귀국하자마자 선장 더들리와 선원은 체포되어 재판을 받았다. 1항사 브록스는 검찰의 증인으로 출석했다. 이들은 파커 한 사람의 희생으로, 세 사람이 살기위해 부득이 그 방법 이외 다른 선택이 없었다고 강력히 주장했다.

우리가 판사라고 가정하자. 어떤 판결을 내렸겠는가? 우리는 그 고아선원을 살해한 행위가 도덕적으로 허용될 수 있는 행위인가를 판단해야한다고 가정한다. 피고들은 생사기로의 상황에서는 한 사람을 희생하여 세 사람을 살리는 방법 밖에 없었다고 강하게 주장하였다. 4명이 다 죽기보다는 약하고 병든 한 사람 파커가 적절한 후보라고 생각했다. 파커는 부양가족이 없고, 죽는다고 해서 슬퍼할 가족도 없었다.

이 주장은 두가지 반박이 나올 수 있다. 첫째, 파커를 살해하여 얻을 수 있는 이익이, 희생한 것보다 정말로 더 컸는가? 살아난 3명이 있다고 해도, 만약 그러한 살해를 사회가 허용한다면, 사회는 나쁜 선례를 남기게 된다. 즉, 법을 제멋대로 해석하거나, 살인에 반대하는 기준에 흠집이 생기거나, 다른 선박이 사환을 구하기 어려워 질 가능성 등……

둘째, 그 '이익'이 한 아이의 희생이라는 '비용'보다 크다고 하더라도, 무방비 소년을 살해하여 그 살을 먹는 행위는 용납될 수 없다는 인간의 '정서'가 있다. 상대방의 병약함과 취약성을 빌미로 본인 동의 없이 목숨을 빼앗는 행위는, 설령 다른 사람에게 이익이 온다해도, 그것은 잘못이 아닌가?

첫 번째 반박은, 도덕은 '비용'과 '이익'을 비교하는데 달렸다고 주장하는 '공리주의' 판단을 받아들여 사회적 결과를 모두 합산한다. 만약 그 소년을 죽인 행위가 도덕적으로 분노를 살만한 것이라면, 두 번째 반박이 더 적절할 것이다.

구명보트 사건을 보는 사고방식은 정의를 이해하는 두 가지 시각을 보인다. 하나는 어떤 행위의 도덕성은, 그것이 초래하는 결과에 달렸다는 시각이다. 모든 것을 고려해서 최선의 상황을 이끌어 내는 행위가 옳다는 것이다. 다른 하나는 도덕적으로 볼 때, 결과가 전부는 아니라고 보는 시각이다.

우리가 흔히 접하는 사건에서, 여러 가지 딜레마를 해결하려면 도덕정치철학의 중요한 몇 개 사항을 살펴보아야 한다.

도덕은 비용과 이익을 저울질 하거나 사람의 목숨 숫자를 헤아리는 문제인가? 아니면 특정한 도덕적 의무와 인권은 기본적인 덕목임으로, 그런 이해 타산이나 계산을 떠나 별도로 존재하는 것인가? 그 기본적인 권리를 어떻게 알아 볼 수 있는가? 타고난 권리, 신성불가침의 권리, 양여할 수 없는 권리, 절대적인 권리 등…… 그리고 그것은 왜 기본권리인가?....

제러미 벤담이 이 질문에 대하여 '타고난 권리'에 의문을 표시하고 '헛소리'라고 했다. 그의 사고와 철학은 현재에도 큰 영향력을 갖는다. 그는 유명한 공리주의자이다. 그는 '도적적 최고 원칙은 행복을 극대화 하는 것이다. 쾌락이 고통을 넘어서도록 하여 전반적으로 조화를 이루는 것'이라고 주장하였다.
'옳은 행위는 공리(功利, 유용성)를 극대화하는 행위다.'라고 했다.

정의에 대한 샌델 교수의 TV특강은 갈수록 열기를 더했다.
(질문) 최근 한국, 일본 등 동아시아에서 '정의'에 대한 관심이 특별히 커진 이유는?
샌델 교수 : 지난 수십년 동안, 경제학이 정치학을 밀어냈다. 경제적인 관심과 추구 및 집착이 삶이 중심에 있었다. 그 성과로, 물질적 풍요와 사회적 번영을 얻어냈다. 그러나 경제에 대한 집착은, 도덕과 윤리에 대한 민주주의적인 성찰을 배제하는 결과를 가져왔다. 경제적인 부와 사회적인 번영은 잡았지만, 그 부작용으로 빈부격차가 확대되고, 경제적인 불평등이 사회의 유대를 해치는 일과 동시에 생기게 되었다. 노사문제, 사회복지 문제 등 예상하지 못했

던 일들이 곳곳에서 빈번히 발생하게 되었다. 시민들은 이런 문제들에 대해 염려하게 되었으며, 정의, 불평등, 공공선 그리고 시민으로서의 권리·의무 등에 관해서 토론하고자 하는 열망을 쌓아가게 되었다.

경제성장의 둔화와 불황의 우려속에서, 미국발 '금융위기'는 시장 지상주의 시대에 종막을 내렸다. 시장지상주의는 시장이 공공선을 이루는 수단으로 인식 되고 있었지만, 금융위기는 시장의 기능에 의문을 환기시켰다. 사람들은 시장의 마법같은 기능에 대한 믿음을 재고하게 되고, 경제에 대한 무비판적인 집착이 가져온 여러 부작용들을 깨닫기 시작했다.

(질문) 정의로운 사회에 필요한 가치를 시장중심사회에서는 유지할 수 없는지?
샌델 교수 : 사회적 통합, 안보, 평등, 개인권리 존중, 부의 분배 등은 정의로운 사회에 반드시 필요한 가치다. 시장중심사회에서는 이들 가치가 손상될 수 있다.

(질문) 정의로운 사회란 어떤 것인가?
샌델 교수 : 좋은 사회란 공정함과 배분문제를 뛰어 넘어서, 일정한 가치와 도덕적 규범이 실행되는 사회다. 좋은 삶의 특징은 교육, 건강, 시민정신, 환경, 예술 그리고 더 나은 것을 지향하는 태도

를 갖는 것 등이다. 좋은 삶이 무엇인지 모른다면 정의로운 사회, 공정한 사회가 어떤 것인지 알 수 없다.

(질문) 좋은 것(goodness)과 공정한 것(fairness) 중 어느 것이 우선인가? 공정한 분배를 주장한 마르크스주의자나 공산주의가 더 정의로운가?

샌델 교수 : 실제로 공산주의는 공정하지 않았다. 공정한 사회가 반드시 좋은 사회와 일치하지 않을 수도 있다.

(질문) 한국과 일본 등 동아시아 국가의 교육열이 대단하다. 교육과 인간 품성品性 중, 어떤 것이 정의에 더 중요한지?

샌델 교수 : 품성이 매우 중요하다. 교육 수준이 높더라도 보다 정의로운 삶이 보장되는 것은 아니다. 어떤 교육을 받는지가 중요하다. 과학과 기술 수준이 높다고 해서 반드시 정의로울 수는 없는 법이다. 철학, 역사, 인문학 및 예술 분야 등을 익혀야 한다. 사회지도자가 될 사람은 거대한 도전에 대하여 폭넓게 배워야 한다.

(질문) 보편적인 정의(Universal definition of justice)는?

샌델 교수 : 보편적인 정의에는 원칙이 있다. 정의란 각자에게 돌아갈 정당한 몫을 주는 것을 뜻한다. 문제가 되는 것은 각자의 몫이 얼마만큼이냐 라는 것이다. 철학자들도 정의의 기본원칙에는 동의하지만 구체적이고 세부적인 부분에서는 논쟁이 생긴다. 구체적인

상황, 시간·공간에 따른 간격은 우리가 채워야 하는 것이다. 즉 정의의 의미는 만들어 가는 것이라고 볼 수 있다.

(질문) 플라톤이 말했듯이, 철학자가 통치하는 사회가 가장 정의롭다는 논리는 타당성이 있는가?

샌델 교수 : 철학자들이 좋은 왕이 될 수는 없을 것으로 본다. 정치와 철학은 다른 것이다. 철학자는 공공의 사항(public affairs)에 관한 지식이 부족하다. 혼란 스럽고 편견이 있다손 치더라도 정치는 정치가들이 있는 곳에서 이루어짐이 바람직할 것이다. 소크라테스는 아테네 시민들이 당연시하는 것에 이의를 제기하고 도전했다. 그것이 철학의 역할이 아닌가? 우리는 계속 의문을 제기해야 한다.

(질문) 나치의 유대인 학살과 중국문화대혁명은 다수의 이름으로 이루어졌다.

샌델 교수 : 민주주의와 다수결주의(majoritarianis)는 동일한 것이 아니다. 다수의 주장이 반드시 옳은 것은 아니다. 민주주의는 시민의 공동선과 정의에 대해서 심사숙고하는 것이다. 선동정치가나 폭군을 지지하는 다수는 민주시민의 역할을 다하는 것이 아니다. 생각하고 논쟁하고 추론하고 숙고하는 다수가 아니면, 그것은 군중(mob)일 뿐이다. 바른 민주주의는 교육과 정치적 리더십이 반드시 필요하다. 그리고 시민적 삶(civic life)의 질에 모든 것이 달려 있다.

(질문) 지구상에서 가장 정의로운 국가는?

샌델 교수 : 우리가 계속 추구하는 것이다.

과연 세계적인 대가의 명답이라 할 것이다.

동기動機와 결과結果

　세월호 해난사건의 직접원인이 된 '코스변경'에 관하여, 향해 담당자들은 평상시 다니던 항로로 가지 않고, 좁고 조류속이 빠른 맹골수도로 들어간 이유를, '항해시간을 단축할 목적'이라고 했다. 섬 밖으로 둘러 가기 보다는 수도안으로 가는 코스가 지름길이라는 이야기다. 최소한 반시간 이상은 단축된다는 뜻이다.
　일반적으로 수로나 육로를 통행할 때 지름길을 선택할 경우에는, 통로가 안전하고, 통행에 불편이 없으며, 곤란이나 애로가 없어야 하는 것이다.

　세월호가 지름길로 선택한 맹골수로는 폭이 좁은 협수로로서, 조류속이 외해보다 빠르고, 황천이나 안개가 끼는 날에는 시정視程

(가시거리)이 길지 못한 점 등, 안전 향해를 방해하는 요소들이 존재한다.

세월호는 출발이 지연되어, 이를 만회하기 위한 수단으로 향해시간을 단축하기 위하여, 맹골수로를 지름길로 선택하였던 것이다. 게다가 항로를 변경하는 과정에, 조타기(rudder)를 돌린 것이 5도 정도의 작은 각도가 아니라, 30도 정도의 큰 각도로 선회하였다고 한다. 원심력과 빠른 조류속에 의한 유체流体저항으로 인하여 선박이 기울어 질 수 있고, 승객과 화물 쏠림도 한 몫 했을 것이다. 세월호의 사관들이 퇴선 조치를 제대로 하지 못했다. 퇴선하지 못한 300여 명의 승선자들이 안타깝게도 불귀의 객이 되고 말았다.

선박의 전복 원인으로서, 20년 이상되는 노휴선의 상층부 무단 개축, 객실 증축공사에 따른 탑헤비(top heavy)로 인한 선체 복원성 악화, 화물과적, 평형수 무단 방출 등 선체 안전도를 무시한 여러 가지 요인들이, 복합적으로 작용한 것은 이미 알려진 바와 같다.

해운회사 관계자들과 승무원은 물론이고, 해양수산부와 관련 해운조합, 해경, 선급협회 등에는 행정조치와 함께 형사처분이 이루어지고 있으며, 해경은 기구통합으로 국가안전처로 이관되는 등 큰 변혁이 이루어지고 있다.

세계적인 전략가 마키아벨리는 '목적은 수단을 정당화 시킨다'

라고 하였다. 그러나 동기가 아무리 좋더라도 결과가 좋아야 하는 것이다. 어떤 사람이 실수했더라도 그것이 악의에서가 아니라, 멍청한(carelessness) 원인에서 이루어진 결과라면, 어쩔 수 없다고 용서하는 경우가 있다. 반대로 심중이야 어떠하던, 실패한 것에 대하여는 잘못함을 묻는 경우도 있다. 고이께小池는 전자를 '심정윤리心情倫理'라 하고, 후자를 '책임윤리責任倫理'라 불렀다. 사안을 책임윤리로 따져서 가리려면, 가리려는 사람은 마음이 편해지는 틈이 없다고 한다. 인간은 실패하는 동물이기 때문에, 항상 성난 상태에 있지 않으면 안 된다고 한다.

이 두 개의 윤리는 막스 베버(Max Webber)의 저서 <직업으로서의 정치>에 상설되어 있다. 여기서 베버는 이 문제를 정치가의 처신 문제로 다루었으므로, 고이께의 주장과는 다르다. '따듯한 심정으로 선의에 바탕한 행동이면, 결과가 잘못되어도 책임이 없다'라고 하는 것은, 불자인 고이께의 생각에 불과할 뿐이지, 정치가에게는 허용되지 않는다.

세상이 묻는 것은 결과다. 좋은 동기에서 시작한 일이라고 해서 반드시 좋은 결과가 생긴다는 보장은 없다. 때로는 정반대 결과가 나오는 수도 있다. 일본사회의 경우, 이것을 모르는 정치가는 '정치의 ABC도 분간하지 못하는 미숙아'라고 한다.

지난해 아베 총리가 야스쿠니 신사를 참배했을 때 한국과 중국은 발칵 뒤집어 졌다. 미국 오바마 대통령과 정계에서도 고운 시선은 아니었다. 유럽연합의 반응도 부정적이었다.

일본 아베 수상의 야스쿠니 신사 참배는 신념에 의한 행동이었다고 하지만, 결과는 어떠한가? 아베 수상은 국회에서 야당 대표의 질문에 대하여, 결과에 대한 책임을 지는 것은 당연하다고 대답하고, 신념이 없는 '타협적인 일은 하지 말라는 정치'에는 함께 할 수 없다는 그의 생각을 밝혔다.

인간에게 신념은 대단히 중요하다. 하지만 아베의 조부 기시 수상도 '결과가 좋으면 좋다'라고 했다. 그리고 '인간은 때와 장소에 따르는 거야'라고도 했다.

오는 신년에 아베는 일본 전범을 기리는 야스쿠니 신사 참배문제를 두고, '결과'에 상관없이, '신념에 따라 행동할 것인지, 그래서 정치의 '미숙아'가 될 것인지, 이웃의 관심이 쏠리게 될 것임을 바르게 인식해야 한다.

이지메(학대)와 체벌

 윤 일병의 사망 사건으로 어두운 그림자가 온 나라를 뒤덮고 있다. 육군 제28 사단 윤 일병의 내무반에서, 선임자들이 윤 일병에게 치약을 먹게 하고 가래침을 핥게 했으며, 집단으로, 계속 학대와 체벌을 가하여 견딜 수 가 없어서 자살하게 된 것이다. 군사법원은 주동자 이 모 병장에게 징역 45년을 선고했다. 다른 선임병 3명에게 징역 25 내지 30년을 선고하고, 가혹행위를 방치한 유 모 하사에게도 징역 15년이 선고되었다.
 이 사건을 계기로 다른 부대에서도 학대와 체벌 문제가 밝혀지고 상급자에 의한 성폭행사건 문제까지 노출되기에 이르렀다. 윤 일병에 대한 가혹 및 사망사건은 국민을 경악하게 했다. 입대한 병사 가족들의 불안감이 심화된 것은 당연한 일이다.

작년 일본 시가현 어느 중학교에서 학생 이지메(학대) 사건이 일어났다. 오사카의 사꾸라미야 고교에서는 체벌 사건이 있었다. 두 사건 모두 피해 학생이 자살했다. 학대와 체벌의 참상이 밝혀짐에 따라 폭력, 범죄 여부를 사법 당국에서 조사하는 것으로 보도된 바 있다.

일본 릿교대학의 Kayama(2012) 교수는 학교의 이지메(학대)는 여러 나라에서 보편적으로 일어나는 일이지만, 일본에서 이지메는 훨씬 더 심각한 사회문제라고 말했다. 이 학대행위로 인하여 때로는 피해자가 자살하기에 이른다고 한다. 일본에서 14년 간 계속 자살자가 매년 3만 명을 넘는다고 한다. 그는 일본에 새로운 그룹이 있어서, 반외국인 구호와 현수막을 내걸고, 불법 가두시위를 두려워 하지 않는다고 한다. 이들은 '네토우요' 라고하는 네트 극우파(Net far right)로 간주된다. 이들은 네트를 통해 조직되어 시위를 위해서만 모인다. 잘 알려진 극우 네트 그룹의 스즈키 구니오는 이 그룹이 인종주의가 아니고 네오나지(neo-Nazis)와 비교하기를 거부했으며, 미국 운동권 티파티(Tea Party)를 모델로 했다고 한다.

영국의 노벨상 수상 작가 윌리엄 골딩(Golding, 1954)의 소설 <파리의 왕>에는 태평양 무인도의 소년들에 관한 이야기가 쓰여 있다. 동료들 간의 불화와 내부 항쟁에서 차츰 처참한 투쟁으로 확대된다. 야성이 발로된 소년들의 싸움이 격화되어 마침내 살육의 파국으로 치닫게 된다.

아직 성숙하지 못한 소년들이 무인도에 방치된 상태로 있으면 마침내 야성화 하고, 결국 야수화한다고 한다(야마오리, 2013).

일본 다니사끼(谷崎)의 작품 <소년>에는, 열서너 살 되는 소녀가 열 살쯤 되는 소년들을 줄로 묶고, 얼굴에 촛물을 떨어뜨리기도 한다. 자기 소변을 받은 후에 이를 소년들에게 억지로 마시게 하면서 논다. 이것은 단순한 악습으로만 볼 수 없는 것이, 다른 아이들이 흉내낼 수 있는 행동이기 때문이다.

김현철(2014)은 저서 <뱀파이어 심리학>에서 '사람은 태어날 때부터 뱀파이어(흡혈귀) 같은 착취본능이 있다'고 한다. '아기는 젖이 잘 나오지 않으면 엄마 젖을 깨문다.'라고 하였다. 그는 인간을 세 종류로 구분했다. '타인을 파괴하더라도 자기 욕구를 즉각 표출하는 뱀파이어, 피를 빨고 싶지만 이에 대해 고뇌하는 댐파이어(dampire), 즉 반인반귀半人半鬼, 그리고 자기 본능을 최대한 지연시키고 남을 배려하는 휴먼(human, 인간) 이다'

나 자신도 체벌 당한 경험이 있다. 제 2차 세계대전이 시작된 1941년 나는 부산 대신국민(초등)학교 1학년에 입학했다. 담임 선생님은 일본인 여선생이었다. 전체 교사 중 한국인은 서너 사람 뿐 이었다. 첫날부터 사용하는 언어는 일본어였다. 입학 후 사흘째 되던 날 구로세라는 남자 선생이 담임과 함께 들어와서 명찰 검사를 했는데, 나와 여학생 신 모 두 사람만 앞으로 불려 나갔다. 관동군 출신 상이군인 구로세 선생은 나의 명찰을 잡아 뜯고서 나의 뺨을 연거푸 두 차례 쳤다. 나의 눈에서는 번개 불이 번쩍했고 쓰러질 뻔했다. 신 모 여학생도 꼭 같이 당했다. 난생 처음으로 뺨을 맞은 나는 매우 놀랐고, 공포에 떨었던 일이 지금도 생생하게 기억난다. 담임선생님은 '닙뽄노 나마에와? (일본 이름이 없느냐)'라고 물었다. 그들은 일제 창씨개명創氏改名의 전위대였다. 그것은 사랑의 매가 아니었다. 구로세의 체벌은 한국인으로서, 일본의 황민화 정책(조선인을 천황에 절대로 따르고 순종하는 황국신민으로 강제로 동화시키는 정책)에 순종하지 않는 자에 대한 징벌이었다.

집에 와서 어머니에게 우리는 왜 일본 이름이 없느냐고 물었더니, 우리 집은 그런거 없다고 대답하셨다. 학교에서 일본 이름이 없다고 뺨 맞고 혼난 이야기를 했더니 매우 놀라신 모습을 보인 것을 지금도 나는 기억하고 있다.

중학교 입학시험이 끝난 후, 나는 외삼촌을 따라 부산 초량동 산에 있는 장군암이라는 절에 갔다. 일주문을 들어서자 벽면에 무서운 그림이 걸려 있었다. 죄 지은 사람이, 창을 든 무서운 표정을 한 사람의 발굽 아래서 신음하는 장면이 그려져 있었다. 나는 신기해서 발걸음을 옮기지 못한 체 그림을 쳐다보고 있는데 '나쁜 짓을 하는 사람은 저렇게 벌을 받게 되는 거야'라고 외삼촌이 설명해 주신 기억이 난다.

인간의 생각이나 정신을 길 드리는 것은 종교단체 이외에 군대 조직, 스포츠, 사회단체나 조직, 보이스카웃, 학교 등이 있다. 여기에서는 인간이 야성화하는 에너지를 적절히 조절하고 수정하며, 인간성을 순화하는데 큰 역할을 하고 있다. 이 중에서, 인간의 야성화를 막고 길 들이는 장치 중 가장 보편적이고 중요한 곳은'학교'이다. 학교는 철부지한 사춘기 전의 아이들을, 가정이라는 온상에서 분리시켜서, 다른 세계로 끌어 들여, 전혀 다른 인생관과 가치관을 심어주는 곳이다. 여기서는 사람을 근본적으로 바꾸고 길 들인다는 목적을 두고 있다. 많은 학교의 교훈이 '바르게 살자', '정직', '성실', '정의'라는 낱말을 포함하고 있다. 이런 점에서 학교는 종교단체에 버금가는 길 드리기 교육을 하는 것으로 인정되어 왔다. 인간의 길 드리기 교육은 가정에서는 어렵다는 보통 사람들의 인식이 바탕이 되었다.

재일교포 작가 유미리(1999)는 저서 <자살自殺>에서 '이지메(학대)란 인간의 깊숙한 곳에 내재하는 병리와 같은 것으로서, 그 뿌리를 끊는 것은 대단히 어렵다' 라고 썼다. 학대로 인해 살기 위한 언어를 잃었을 경우, 어떻게 살아야 좋은지? '그 위기의 관문을 탈출하기 위해서 자살을 자기 삶 속에 프로그램 해야 하지 않는가!' 라고 주장하였다. 그는 '정치가, 문학가, 예능인, 학생 등 여러 가지 경우의 자살사건을 예를 들었고, 차별과 학대가 세상에서 사라지는 일은 없을 것이라고 설명하였으며, 결론으로 이 세상은 누군가를 학대하는 구조가 되어 있다'라고 기록하였다.

시바(司馬, 1982)는 소설 <평지꽃 저멀리(菜の花の沖)>에서 심한 학대 이야기를 깊이 다루었다. 이 책에서 그는 등장인물 다까다가 아와지 섬의 '젊은이 집(若者宿)'에서 철저하게 학대 받는 장면을 묘사했다. 그의 학대에 대한 관점과 통찰은 앞서 유미리의 주장과 잘 부합된다. 이 책의 앞 부분에서 '젊은이 집'은 중국이나 한반도에는 존재하지 않는 것 같은데, 태평양에 산재하는 폴리네시아 민족(하와이, 사모아, 통가 등)에는 지금도 그 풍속이 농후하게 보인다. '그들은 고대에 태평양의 섬에서 섬으로 항해·이동하여, 그 활동과 풍습이 일본의 여러 섬에 영향을 미친 것이 아닌가'라고 썼다.

그리고 그는 '그 영향이 쿠로시오 해류를 타고 일본 열도에 미쳤을 것이다'라고 하여, 역사의 기억을 되새기게 한다. 그와 같은 '젊은이 집'의 세계는 과혹한 평등주의에 일관되어 왔던 것이다. 마을의 관습을 위반하는 자가 있으면, 이를 고발하는 자가 나온다. 만약 그 이지메(학대 제제)에 반항하는 자가 있으면, 그를 집단 앞으로 끌어내어 반쯤 죽여 놓는다. 이런 마을 공동체는 때로는 파괴적 에너지를 폭발하여 일탈자를 파멸로 몰아 넣는다(이하 략)'.

우리가 어릴 때 만해도 회초리라는 것이 있었다. 아이들이 지나친 잘못을 저질렀을 경우에, 부모들은 '회초리 들고 오너라'라고 하신다. 보통의 경우 '종아리 걷어 올려'라고 하시면 '잘못했습니다'라고 자백한다. 대충 한 두 대로 끝난다. 잘못이 좀 지나친 경우에는 서너 내로 올라간다. '아야 아야' 하다가 '아이고 죽겠다'라고 엄살을 부리기도 한다. '다시는 하지 않겠습니다.'라는 다짐을 하고 나면 매질을 멈추게 된다. 이것은 '사랑의 매'라는 것이다. 여기에는 부모의 자식에 대한 애정이 듬뿍 담겨 있다.

영국에는 이튼 스쿨과 같은 퍼블릭 스쿨이 있다. 이 학교에 입학하면 그들은 전원이 기숙사에 들어가서 공동생활의 기본 룰을 터득하게 된다. 협동정신을 기르고 자제력과 내핍생활 그리고 인내력을 몸에 익힌다. 격렬한 운동경기와 맹렬한 훈련을 통해 체력과 정신력을 기른다. 여기엔 강제와 복종 이외는 생각할 수 없다. 이처럼 엄격한 수련의 룰은 중세기 수도원의 규범에 유래된 것이라고 한다. 생활과 행동규범은 엄격하지만, 개인의 의견은 매우 자유스럽게 개진할 수 있다. 퍼블릭 스쿨 졸업생은 거의 전부가 옥스퍼드나 캠브릿지 대학에 진학하게 된다. 이들은 모두 영국신사로 처신하고 젠틀멘 예우를 받는다. 이런 종류의 학교가 한국에도 설립되었으면 하는 마음이 간절하다.

루나회(Lunar Society)

'나의 학문적 성취는 우리모임 동료들의 격려 덕분에 이루어졌다' 공기 중 '산소'를 발견한 과학자 조셉 프리스토리의 말이다. 우리 모임이란 매월 보름 달밤에 모이는 루나 소사이어티(Lunar Society)를 말한다.

1730년대 영국 스코틀랜드 보름달 밤을 택한 이유는 밝은 달 밤, 동료들과 거침없는 담론에 심취했다가, 위스키 한잔에 취해서 말 타고 귀가하는 회원들의 풍류선호 취향 때문이 아니였나 추측된다. 의사 엘라즈마스 다윈을 중심으로 7명의 회원이 순번으로 회장을 맡아서 자택에서 모임을 가졌다. 회원은 직종이나 전문분야가 각각 다른 사람으로 구성되었다. 프리스토리를 비롯해서, 증기기관 원리를 발명한 제임스 왓트, 증기기관을 제작한 볼튼, 가스 등 발명자 웰 머독, 인쇄업 바스카빌, 천문학자 윌리엄 하셸 등이다. 의사 다윈은 진화론의 찰스 다윈의 조부이다. 매달 모임에서는 자유로운 화제를 가지고 자유스럽게 방담한다. 음악, 경제, 기계, 의학, 역사 등 다양한 분야에 걸쳐 있다. 이들의 담론은 자연스런 분위기 속에서 고성이 오가는 열띤 논쟁으로 발전하는 일이 허다했다. 각각 다른 전문분야 사이의 벽이 허물어지는 장면이 연출되기도 했다(시게이꼬, 문 : 1995).

이들이 차츰 런던에서 두각을 내밀고, 루나회의 행태가 알려지기 시작하자, 이를 빗대어 루나틱스(lunartics, 괴짜들 모임)라고 부르는 이도 있었다. 하지만 이 모임이 영국 사회와 근대문명 발전에 큰 공헌을 한 것은 부인할 수 없다. 루나회는 당시 영국 담론의 모델 역할도 하였던 것이다.

이 시기에 런던에는 무려 3천개의 커피점(다실)이 생겨나서 서민들의 담론의 장소로 이용되었다. 한편, 주점 '텍스 헤드'에서는 문호가 중심이 된 '문예클럽'이 활발한 활동을 전개하고 있었다. 화가, 소설가, 웅변가, 배우 그리고 사가들이 참여했다.

커피점이 서민형인데 비하여 클럽은 다소 사교적이고 귀족적인 냄새를 풍긴다. 대규모 클럽은 자기네 건물을 보유하기도 하였다. 클럽이나 커피집 모임에서 다양한 화제로 자유롭게 방담하는 것을 즐거움으로 여긴 것은 분명하다.

1905년 미국 시카고에서 변호사 폴 해리스를 중심으로 다섯명의 인사들이 모여, 사회봉사를 목적으로 클럽을 조직하였다. 장소를 돌아가면서 모인다고 '로타리'라는 이름이 붙게 되었다. 이들 회원의 직업이 모두 다른 것은, 아마 루나회에서 아이디어를 얻은 것 같다. 현재 세계 33,000개 클럽, 130만명의 회원을 갖고 있는, 세계 최대의 봉사단체로 성장하였다.

미국 하버드 대학의 로렌스 로웰 총장은 펠로우(Fellow, 특별연구원) 모임을 주선했다. 1909년의 일이다. 매주 한차례 오찬회를 갖는다. 전문이 각각 다른 펠로우들이 열띤 논의를 하고 가끔 건의도 하게 되었다. 각자 다른 관점에서 사물을 보는 전문가들의 견해를, 한차원 다른 관점에서 이를 논의하는 기회가 마련된 셈이다.

일본 토오쿄오에는 로겔기스트라는 토론모임이 있다. 물리학에서 양자역학, 유체역학, 고체물리학, 전기자기, 음향학 등 각각 다른 분야를 전공한 사람들끼리 정기적으로 만나서 자유스럽게 열띤 토론을 하는 모임이다.

토론은 합리적 사고와 논리적 논의를 통해서 최선의 길을 찾는 방법이다. 인텔의 창시자 노이스와 무어는 건설적 대립(constructive confrontation)이라는 격렬한 토의를 권장하였다. 사안에 대한 주장이 서로 대립되는 경우에는, 최선의 방안이 각자의 원래 주장과는 다른 곳에 있다.

토론(discussion)의 dis(부정)와 cuss(악담,욕설)가 결합된 것이다. 이것은 상대방을 비방하거나 욕설을 하지않고 열띤 논의를 통해 주제에 대한 최선의 방안을 찾는 과정을 말한다. 유럽·미국 등 선진사회에서는 진실을 추구하는 수단으로서 이런 방식의 토론이 일반화되어 있다.

루나 모임은 중심인물이 왕실의 시의로 간 이후에도 계속해서 활동 하였다. 인간은 새로운 것에 대하여 흥미를 갖는다. 유럽인 사회에서는 서로 다른 직종이나 사업자 간에 정보교환과 상호협력이 잘 이루어진다. 런던과 영국의 발전 뿐만 아니라, 이 모임의 담론은 산업혁명의 도화선 역할을 함으로써 세계 문명사 발전의 횃불이 되었다. 유럽에서는 이런 류의 모임이 많이 활동하고 있다.

일본이 노벨상의 물리·화학분야에서 14명의 수상자를 배출한 사실은, 기초과학자들의 각고의 노력과 정부·기업의 연구비지원이 주된 요인이었겠지만, 한편으로는 로겔기스트의 역할도 기여했다는 것이 중론이라고 한다.

우리 사회에서도 다른 분야의 사람들 사이에 건전하고 활발한 토론문화가 정착되어, 지역 사회발전 뿐만 아니라, 인류문화 발전의 동력을 제공하는 모임이 많이 생겨나기를 기대한다.

근대 세계 패권국가

1. 대항해 시대와 세계경제

15~16세기 인간이 체험하지 못한 미지의 대양에 대한 항해를 성취한 사람들이 나타났다. 즉 1488년 아프리카 희망봉을 발견한 디아즈(Diaz), 1492년 유럽에서 서쪽으로 대서양을 횡단하여 신대륙을 발견한 콜럼버스, 1498년 디아즈의 뒤를 이어 인도양에 들어가 인도 서해안을 항해하여 향료 무역의 중심지인 인도의 카레쿠-드 한에 도달한 바스코다 감마 등이 그러한 사람들이다.

그 이전에도 중국인과 이슬람인들에 의한 대규모 항해는 이루어졌다. 하지만 이들이 대항해 시대의 항해와 다른 점은 비록 선단의 규모·인원은 방대하였으나 항행범위가 이미 알려진 세계既知世界에 한정되어 있었던 것이다.

2. 15세기 세계정세

고대에서 중세까지 세계 무역의 중심은 환인도양-남지나해였다. 유럽은 변경에 지나지 않았다. 유럽의 항구였던 지중해 세계와 이들 중심지역을 연결한 것은 7세기경 흥했던 이슬람 세력이었다. 이슬람 상인들은 서방은 스페인에서 동방은 중국 남부와 아세아 국가를 포함하는 국가들과 광범한 교역 네트워크를 구축하였다. 10세기 중반에 이루어진 송宋나라의 경제 발전과 13세기 원元나라에 의한 세계 제국의 성립에 따라, 남지나해-인도양에 걸쳐 인간과 물자의 왕래가 급격히 증가하였다.

결국 이 지역의 중요한 상품인 향료·실크·도자기 등의 구매 대가로서 귀금속의 수요가 비약적으로 증대하였다. 또 당시 세계 영토 전쟁의 용병傭兵에 대한 급료가 금화金貨로 지불되었기 때문에 유럽 국가들의 금과 귀금속에 대한 수요는 계속 증가하였다.

경제력經濟力이 강한 나라 - 영국

1. 영국은 해적행위를 '조직화' 했었다

역사란 특정 사건을 정치·외교의 분야를 중심으로 논의되기 쉽다. 그러나 역사를 주름잡는 것은 경제 문제다. 세계 각지에서 벌어지는 전쟁과 분쟁의 배경에는 금전 문제가 존재한다.

근대 이후의 역사를 '돈의 흐름'으로부터 탐구하여 시리즈로 엮어 본다.

근현대사의 경제력을 말할 때 가장 먼저 등장하는 나라는 영국이다. 영국은 스페인의 무적함대를 격파하고, 스페인, 포르투갈이 세제 각지에 갖고 있던 식민지의 절반을 빼앗았다.

이를 통해 축적한 자본을 활용하여. 영국은 산업혁명을 완수할 수 있었다.

영국은 스페인의 무적함대를 격파하고, 세계에 스페인, 포르투갈이 가졌던 식민지의 약 절반을 빼앗았다. 이런 과정에서 획득한 자본을 축적하여 '산업혁명'을 수행할 수 있다.

영국은 15~16세기 '대항해 시대'에 참여할 기회를 갖지 못하였다. 대항해 시대의 주역은 스페인, 포르투갈 및 네덜란드였다. 영국이 해양에 진출하였을 때는, 이미 아프리카 대륙과 미국 대륙의 중요지역은 스페인과 포르투갈이 점령하고 있었다.

이런 상황에서 기염을 토한 것이 영국 해적이었다. 당시 영국 해적은 기강이 확립된 선단과 잘 발달된 항해술에 의해 스페인과 포르투갈의 수송선을 습격하여 비싼 재보와 귀중한 생산물을 수시로 강탈하였다. 더구나 영국 왕실은 해적 선단에 관심을 가지고 왕실이 건조한 선박을 제공하고, 해적 항해에 참여하기에 이르렀다. 대표적인 것이 '해적 드레이크(Drake) 항해'이다.

해적 드레이크는 마젤란 다음으로 '세계 1주 항해'를 성취하였으며, 스페인의 무적함대를 격파한 영국의 해군 제독이다. 그는 원래 보통의 해적이었다. 그런데, 엘리자베스 영국 여왕에게 인정 받아 왕실이 투자한 선박을 사용하여 해적항해를 시작하였다. 그 공적이 인정되어, 후일 영국해군에 임용되었고, 후일 해군 제독이 되었다. 드레이크는 해적항해를 성공하여 선박에 금, 은, 견직물, 향료 등을 가득 싣고 영국으로 귀항했다.

이 항해로 영국은 약 60만 파운드 수확을 올렸고, 여왕은 그 절반인 30만 파운드를 받았다(武田, Chikuma 新書, 당시 영국 국가 예산은 약 20만 파운드). 여왕은 이 수익으로 채무를 모두 상환하였다고 한다.

영국의 해적 선단은 그 후 강한 해군으로 발전하였으며, 재정 악화로 정비 불량 상태에 빠진 스페인의 무적함대를 무찌를 수 있었다. 영국은 스페인과 포르투갈, 네덜란드의 무역과 식민지 경영을 인계받게 된다. 드디어 영국은 바다를 지배하는 대영제국으로 발전하게 된다. 이를 바탕으로 영국은 산업혁명産業革命을 빠르게 성취한다. 동력화動力化된 공장과 분업分業을 통하여 대량생산大量生産을 가능하게 하였으며, 영국은 '세계의 공장'으로 일컬어졌다.

해적행위란 당시 해상 안전 질서가 제대로 확립되지 못한 상태에서, 유럽 각국은 규모의 차는 있지만, 대개 하고 있었던 것이다. 우리는 영화나 만화를 통해 쉽게 볼 수 있었다. 영국만이 악자라고 생각 할 수는 없는 일이다.

영국은 사회조직과 제도를 대규모화, 합리화 하는 데 뛰어난 능력을 가진 나라다. 그들이 세계 바다를 주름 잡는 제해권制海權을 가지게 된 것은 우연한 일이 아니다.

2. 근대적인 세제稅制-마그나 칼타(Magna Carta)

영국은 국가의 경제 체제를 근대적이고 합리적인 제도를 도입하여 정비했다. 세제와 은행이 대표적인 예다.

영국은 중세 초기 단계에 '국왕이 임의로 세금을 정해서는 아니 된다'라는 원칙을 제도화 했다.

유명한 '마그나 칼타(Magna Carta)'이다. 이것은 영국 국왕 존이 국민에 대하여 '국왕이 임의로 세금을 결정해서는 안된다.' '국민은 법률에 의하지 아니하고 처벌되거나, 재산을 침해 받아서는 아니 된다.'라는 약속을 했다.

존 왕은 가끔 프랑스와 전쟁을 하여 패하는 일이 종종 있었다. 국민의 막대한 세금을 낭비하였다. 영국 시민과 귀족들은 국왕의 패위를 요구하게 되었으며, 존 왕은 그 불만을 진정시키기 위해서 '이제 다시 임의의 징세는 하지 않겠다'라고 약속했다.

'마그나 칼타' 제정은 1215년에 이루어졌다. 아직 대항해시대가 시작되기 이전의 중세기로서, 국왕의 권력이 매우 강력한 시기였다. 그런 시기에 '국왕의 생각대로 하지 못한다,'라는 제도가 이루어졌다는 것은 상당히 선진적인 일이라 말 할 수 있다. 중세에서 근대에 이르기까지 유럽 제국은 국왕의 임의로 과세하고 낭비로 인하여 국력이 피폐되는 사례가 매우 빈번히 발생했기 때문이다. 예컨대 스페인은 '대항해시대'에 남미 대륙에서 '보톤 은산'을 발견하였고, 막대한 양의 금과 은을 획득했지만, 국왕이 호전적이어서 각지에서 전쟁판을 벌렸던 결과, 국가 재정은 항상 바닥이 났다. 함정 정비에 투입할 예산이 제대로 마련되지 못하여 해군력이 쇠퇴하며, 영국군에게 패하는 결과를 초래 하게 되었다.

3. 잉글랜드 은행 설립

 영국은 근대적인 은행을 일찍 설립하여 국가의 재정과 금융을 안정시켰다.
 1693년에 국채國債에 관한 법률이 제정되었다. 국왕이 차입을 하는 일은 더러 있었지만, '국채'라는 정식 금융채를 발행하는 것은 이것이 세계 최초의 일이었다.
 1694년 영국은 중앙은행인 잉글랜드 은행을 설립했다. 잉글랜드 은행은 영국 정부에 돈을 빌려 주기 위해 설립한 은행이다.
 그 이전에는 영국정부는 민간인 자산가로 부터 돈을 빌렸다. 그때는 수시로 안정적으로 빌릴 수가 없었을 뿐만 아니라, 금리도 높았다. 잉글랜드 은행 설립으로 차입창구를 일원화하고 정부는 낮은 금리로 안정적으로 거액의 자금을 빌릴 수가 있었다.
 당시 유럽 세계는 빈발하는 전쟁 때문에 막대한 전비가 소요되었다. 그런데, 자금을 쉽게 조달하지 못하거나, 변제가 되지 못하고 부도를 내는 경우도 적지 않게 발생하였던 것이다. 유럽 국가들에게 전쟁경비 조달은 두통꺼리 있던 것이다. 그런 상황에서, 영국이 가장 빨리, 안정적인 전비조달의 길을 열었던 것이다. 라이벌인 프랑스가 연리 5~6%의 차입금을 쓰는 시기에 영국은 잉글랜드 은행 덕분에 3%의 이자로 자금을 조달할 수 있었다. 이때부터 영국의 군사력은 전쟁에 강한 나라로 발전되어 갔다.
 드디어 잉글랜드 은행은 은행권(지폐)을 독점적으로 발행할 권리를 가지게 되었다. 잉글랜드 은행의 은행권이 영국의 통화가 되었다는 사실로 인하여, 잉글랜드 은행은 정부 뿐만 아니라, 국가 경제 전반의 금융을 담당하게 된다. 현재 중앙은행의 역할을 맡게 되었던 것이다. 현재 세계의 많은 국가의 중앙은행은 이 잉글랜드 은행을 모델로 하고 있는 실정이다.

영국은 재정과 금융의 안정으로 국력이 강해지고, 유럽 국가 중, 우뚝 솟은 존재가 되었다. 대항해 시대의 강국, 스페인·포르투갈·네덜란드의 식민지를 차례로 하나씩 빼앗았다.

18세기에는 자본력을 활용하여, 세계 최초로 '산업혁명'을 성취하였다. 넓은 식민지로부터 원료를 들여와, 근대화된 공장에서 공업제품을 대량생산하여, 이들의 상품을 세계 시장에 판매하였다. 이 비즈니스 모델로 19세기에 영국은 세계 초강대국의 지위에 올랐던 것이다.

원료의 수입과 완제품의 수출에 관련하여 해운업과 조선업이 발달하였음은 당연한 일이었다. 글래스고에서 맨체스터 사이에 세계 최초의 철로를 부설한 것은 영국인의 긍지의 상징이 되었다.

4. 강력한 해군-2국 표준주의

영국은 발달된 산업과 재력을 바탕으로 막강한 해군력을 보유하게 되었다. 당시에는 미사일이나 전투기 같은 다채로운 병기가 없었던 시대라서, 함정의 크기와 척수가 군사력의 척도였다. 당시 영국 해군은 함정의 척수와 크기에서 다른 나라를 압도했다. 당시 영국 해군은 세계 제일의 해군력을 보유했으며, 세계 제2위와 제3위에 속하는 나라들의 해군력을 합친 해군력 보다 더 많고 강한 해군력을 보유하고 있었다. 이것을 '2국 표준주의'라고 일컫는다.

영국 해군은 스페인의 '무적함대'를 격멸했을 뿐만 아니라, '아편전쟁'에서 맹위를 떨쳤다. 1840년의 일이다. 영국은 중국으로부터 녹차綠茶를 대량으로 수입하게 되었다. 그 대가로 은이 대량으로 유출하게 되었다. 그 대응책으로 아편을 중국에 판매하게 되었다. 중국 정부는 선박에 적재된 화물(아편)을 몰수했다. 화난 영국은 해군 함정을 중국 항구에 파견하여, 아편 밀매를 묵인하도록 했으며, 홍콩을 100년간 할양割讓시키고 상하이上海 등 도시에서 권익을 차지했다. 이처럼 영국의 경제력은 군사력을 배경으로 하여 강화 되었던 것이다. 해군은 영국 국력의 원천이었다.

영국 파운드가 기축통화基軸通貨로 영국은 1816년 금본위제金本位制를 도입하였고, 1821년에는 통화 파운드와 금을 자유롭게 태환兌換하는(교환하는) 것을 전 세계에 보증함을 공개했다.

금본위제란 '금이나 금의 태환권을 통화로서 유통시킨다.'는 것이다. 그 나라의 금의 보유량이 그대로 통화량에 반영된다.

금이나 은과 같은 귀금속을 그 국가 통화의 기준으로 하는 것은 옛날부터 시행하던 일반적인 일이었다. 그러나 금, 은, 동을 기준으로 하는 제도가 각지에서 혼재하고, 금·은·동의 교환율이 유동적流

動的이었기 때문에 불안정한 측면이 다소 없지 않았다.

영국은 금과 은 '복본위제'였지만 금만을 기준으로 하여, 통화의 안정을 기하려고 했다.

유명한 경제학자 케인즈의 분석에 따르면, 1822년에서 제1차 세계대전 직전인 1913년 약 90년간 영국의 물가는 ±30%를 초과하는 일이 없었다고 한다. 즉, 영국이 금본위제를 채택 한 이래 매우 '안정된 금융'을 구축할 수 있었다고 말할 수 있다.

금본위제는 당시 영국이 채택하고 있었기 때문에 세계 각국이 따라 하게 되어, 국제 경제에서 표준제도(standard system)가 되어 있었다. 또 이 시기부터 영국의 파운드화는 국제무역의 기축통화가 되었다. 기축통화란, 국제무역에서 사용되는 공통통화를 말한다. 영국 파운드화는 영국이 관여하지 않는 각국간의 거래에서도 사용되는 일이 빈번해지게 되었다. 19세기~20세기 초 영국은 세계 무역의 20%를 점하였다. 영국 파운드화는 국제적으로 사용하기 편리한 상황이 되었던 것이다.

당시 국제무역의 주상품은 면제품이었던 바, 영국은 세계 면제품을 세계 최대의 셰어(share)를 가지고 있었다. 세계의 면원료와 면제품의 최대 거래를 금융면에서 취급했던 곳이 런던의 씨티(City) 금융센터였다.

영국은 세계에서 벌어드린 막대한 자금을 투자로 전환하였다, 다른 나라의 국채國債 등 금융 상품을 시장에서 소화하는 금융시장도 영국에서 발달하고 있었던 것이다.

특히 미국은 영국으로부터 거액의 투자를 받고 있었다. 미국이 프랑스로부터 루이지아나 (Louisiana) 주를 매입할 당시에, 영국 패어링 은행이 미국의 국채를 인수하였다. 또 멕시코로 부터 뉴멕시코 주를 매입할 때도 같은 행위가 이루어졌다.

미국은 철도와 더불어 발전한 나라이다. 그 철도의 대부분은 영국의 투자와 기술지원으로 이루어 졌다.

영국은 세계의 금융, 외국환換, 투자, 보험 등을 인수하게 되었던 것이다. 이들 업무의 상당부분은 런던의 씨티에서 이루어졌다. 씨티는 세대 금융의 중심으로서 역할을 현재도 수행하는 명성을 유지하고 있다. 하지만, 인간 환경이란, 시시각각 변하는 것이다. 제1차 세계대전이 일어나서, 세상이 바뀌었다.

유방과 항우의 리더십

고대 중국의 통일을 처음으로 이룩한 진秦나라는 많은 일을 의욕적으로 추진했으나 20년을 넘기지 못했다고 <초한지楚漢誌>는 기록했다. 사마천의 <사기史記>를 바탕으로 기록한 한초군담漢礎軍談과 초한지에서 당시의 상황을 알아본다.

시황제의 중국 통일

기원전 221년 진나라 장군 왕분王賁은 연나라를 점령한 후, 남하하다가 방향을 바꾸어 제齊나라를 공격한다. 제왕 전건田建은 그냥 항복하게 된다. 진나라 왕 정政은 제위 26 년 만에 천하를 통일하고 진시황제秦始皇帝가 된다.

시황제는 우선 전쟁이 없어야 한다는 의지의 표현으로, 병기를 녹여 동상과 종을 만든다. 전국을 하나의 통일 국가로 만들기 위해, 행정제도를 일원화 하는 군현제郡縣制를 시행한다. 화폐와 도량형을 통일하고 문자를 정리한다. 도로망을 정비하고 운하를 건설한다. 시황제는 대규모 사업에 대한 창의력이 풍부하며, 비범非凡하고 빼어나며, 스케일이 큰 인물이라고 했다(십팔사략. 十八史略).

당시 중국 내륙은 진나라 외에 한韓, 위魏, 연燕, 제齊, 초楚 등 여러 나라가 다양한 문화권으로 나누어진 상황이였다. 여기에 진시황의 획일적인 군현제는 각 지역의 정치적, 사회적 다양성과 조화를 이룰 수 없었다. 따라서 각 지역 백성들은 시황제의 여러 조치에 반발했고, 진의 지배를 폭력적인 것으로 인식하였다.

이런 사실을 파악한 시황제는 진나라의 역사서와 기록을 제외한 육국의 역사서를 모두 불사르게 명하였다. 시황제는 대규모 토목공사를 시작하여 민생을 피폐하게 하였고, 지방 순행을 위해 도로 건설에 백성들을 무자비하게 동원했다. 그는 북방의 흉노를 막기 위해 서쪽 임조臨洮에서 동쪽의 요동遼東에 이르는 만리장성을 쌓기 시작했다. 계림지역에 대규모 운하를 건설한다.

시황제는 관중에 300동, 함곡관 동쪽에 400동의 거대한 궁전을 지었다. 함양에는 거대한 아방궁을 건설한다. 위쪽에 1만명이 들어갈 수 있는 대규모다. 자신의 무덤 여산능을 대규모로 건설한다.

시황제의 건설공사는 실업자 구제를 위한 로마 아우구스투스의 토목공사가 아니고, 백성의 고혈을 짜는 악정이었다. 민생을 고역과 도탄에 빠지게 하는 것이었다(사마천의 〈사기(史記)〉, 〈초한지(楚漢誌)〉).

이런 독재정치를 유생들이 비난하게 되자 시황제는 시詩, 서書와 제자백가의 서적을 모두 불태우도록 명했다. 시황제는 학자들이 백성을 선동한다는 죄로 460명을 함양성에 구덩이를 파서 매몰해 버렸다.

시황제는 칼과 창으로 천하를 통일하였으며, 이와 같은 방식으로 천하를 다스릴 수 있다고 생각했다. 그는 가혹한 철권으로 무단정치를 단행하였다. 시황제는 막내 호해胡亥와 조고 좌승상 이사와 함께 장강을 건너 오吳나라까지 긴 여행을 하다가, 사구평砂丘平에서 병으로 사망했다.

황제 자리를 차지한 호해는 아버지 이상으로 극단 행동을 한다. 백성들은 위험을 느끼고, 불안에 싸여 동요했다. 결국 호해 원년인 B.C 209년, 호해는 조고에 의해 살해된다. 진나라는 주변국의 반발과 내부의 무력봉기 등 내우외환으로 혼란이 극에 달한다.

진나라 말기의 혼란기에 항우(項羽), 유방(劉邦) 등 많은 영웅호걸이 사방에서 군사를 일으킨다. 많은 인재들이 미래의 꿈과 희망을 안고, 영웅에 기대를 걸고, 모여들어 자기 일신을 맡기게 된다. 대표적인 영웅이 항우와 유방이다.

유방과 항우의 리더십

사마천司馬遷의 사기史記에 나오는 유방은 평범한 인간에 불과하며, 그의 사상과 행동에는 이해하기 곤란한 부분이 적지 않은 편이다. 그는 리더로서 갖추어야 할 덕목을 많이 갖춘 사람으로 알려지지는 않았다.

진秦나라 왕조의 말기에는 많은 출중한 영웅들이 활거했다. 포부를 가진 많은 인재들이, 장래의 꿈과 미래를 맡기겠다고 선택한 영웅들에게 각각 기대를 걸었다. 이들 중에서 마지막으로 가장 많은 기대를 모은 영웅이 유방이었다.

한 인간으로서 재능이 뛰어나지도 못하고, 발군의 덕성을 가진 것도 아닌데, 어찌하여 유방이 많은 이들의 기대를 끌 수 있었는지 궁금할 수 밖에 없는 일이다. 유방이 많은 이의 기대를 한몸에 모을 수 있었던 이유는, 그가 상대의 '말을 잘 듣는 귀'를 가진 사나이였다는 사실이 한 몫을 했다.

일반적으로 시대의 영웅은 능력이 뛰어나고 자부심이 너무 강해서, 상대방 이야기에 귀를 기울이지 않았다. 다만 유방은 측근의 말을 잘 들었다고 한다. 이 점이 그의 경쟁자였던 항우와 큰 차이다.

항우는 무슨 일이나 자기가 할 수 있다고 생각하고, 아래 사람들의 건의나 진언을 잘 들어주지 않았다고 한다. 당대 최강의 한신韓信 장군이나 훌륭한 참모 진평陳平은, 원래 항우의 착실한 부하였다. 하지만 이들은 자기 말을 잘 들어주지 않는 항우를 떠나, 유방에게로 가버렸다. 유방은 사람들의 이야기를 잘 듣고, 칭찬도 잘 하고, 상여賞與도 철저히 행하였다. 당시 이처럼 받들어 모시기 좋은 상전 찾기가 쉽지 않았다.

인간의 조직은, 예나 지금이나 같은 공적이 있다고 해도 양지가 되는 사람이 있고, 음지가 되는 사람이 있다. 상여나 은전은 공정하게 시행되어도, 받는 사람 입장에서는 모두가 반드시 공평하게 받아들이지 못하는 측면이 있다, 여기에 리더의 어려움이 있는 것이다. 유방은 이 부분에 대하여 심사숙고하고, 주변 사람들의 말을 잘 들어서, 불만이 없도록 상벌을 원만하게 처리하였다. 상벌의 기준 잣대가 공정성을 가장 중요시해야 함은, 리더십에 불가결요소이다.

유방 리더십의 두 번째 특징은 의협심義俠心이다. 현대어로 표현하면 '의리와 용기'라 할 수 있다. 의협심이 당시의 행동원리로서 매우 큰 영향력을 가진 것이라 할 수 있다. 유방이 많은 신하들을 거느린 통솔력은, 의협심이 있었기 때문이라 할 수 있다. 유방이 당시 존경하던 인물 중에 제齊나라 맹상군孟嘗君과 더불어 '전국시대 4군君' 중 한 사람으로 불리는 위나라 신릉군信陵君이 있다.

한때 이웃 조趙나라가 진나라의 공격을 받아 존망의 위기에 처하게 된다. 신릉군의 형인 안가왕安稼王은 동맹국인 조나라로부터 구원요청을 받고서 형식적인 원군만을 보내면서, 강국인 진나라의 보복이 두려워서, 장군에게 적극적으로 전투에 임하지 말도록 당부했다. 의협심이 강한 신릉군은 원군을 지휘하는 장수를 살해하고, 자기가 장군 자리에 올라, 진나라 군사와 전투를 벌였다. 결과는 신릉군이 지휘한 위魏나라 군사의 대승이었다.

이 일이 알려지자 세상 사람들은 크게 갈채를 보냈다. 의협심과 군사적 능력을 겸비한 신릉군을 이상적인 모델로 한 것이 바로 유방이다. 유방은 신릉군처럼 명문 출신은 아니지만, '약자를 도우고 강자를 눕히는 인간'이 되고 싶다는 결심을 하게 된다.

유방은 한나라에서 패공沛이라는 지방관리가 되었고, 군사력을 행사하는 과정에서, 의리와 용기를 겸비한 길을 걷게 된다. 이런 사실은, 세상에 소문이 나게 되었으며, '패공은 자기의 이해관계로 병력을 동원하지 않는 의협심 있는 인물이다'라는 평판이 났다.

젊은 용사들은 '의리 있고 용기 있는 패공에게 나의 장래를 맡기고 싶다', '의협심 강한 유방 아래로 가고 싶다'는 인재들이 모여 들었다. 유방의 세력은 점점 확장 되었다. 유방의 의협심은 최대의 인망이 되었다. 만나서 대화해보고 쓸만한 인재라고 판단되면, 유방은 바로 발탁하는 단안을 내렸다. 그의 명 군사참모 장량張良이나 명장 한신韓信도 같은 인사 등용이라 하겠다.

유방의 리더십 중 빼놓을 수 없는 것이 있다. 그는 중요한 것, 즉 큰 방향을 정하면 세부 사항은 부하에게 위임하는 것이다. 일을 맡긴다는 것은 부하의 능력을 기르고 조직의 성장을 촉진하는 것이다. 아래 사람의 능력에 한계가 있으므로, 그는 그 능력한계 보다 다소 어려운 일을 맡긴다. 다소 어려운 일을 성취한다면 그 부하는 한 층 성장하게 된다. 위임한 일을 실패하면, 그 이유를 지적해주고, 함께 논의하였으며, 벌하지 않았다. 실패는 한 인간을 성장하게 만드는 것이다. 실패하더라도 체념하지 않고 다시 일을 맡긴다. 최후에는 승리의 영광을 맞게 한다. 반대로 승리를 반복한 항우는 실패를 쉽게 용서하지 않았다. 마지막에 실패하고 선두에서 사라져 갔다.

진나라와 전쟁 초기에는 항우와 유방은 협력하여 협동작전을 잘 이끌어 갔다. 진나라 도읍 함양咸陽에는, 상승맹장 항우가 아니라, 유방 군사가 먼저 함락시키고 입성했다. 유방은 관용정신으로, 진의 궁전이나 중요시설에 손대지 않고 그대로 남겨두었다. 반면에 뒤에 입성한 항우 군사는 웅대한 궁전과 시설을 남김없이 철저히 파괴해 버린다. 궁전은 불바다가 되고, 연일 화염과 연기로 뒤덮인 상태였다고 한다.

항우가 왜 이런 지나친 파괴행위를 하게 되었을까?
항우는 초나라 사람이다. 초나라는 진나라로부터 쓰라린 구박을 받았으며, 결국 진나라에게 무참하게 멸망당하고 말았다. 항우가 초나라 사람들이 오랫동안 쌓인 한풀이 했다고 볼 수 있을 것이다. 항우는 마음 속으로 '초나라 백성들이여, 우리는 지금 진나라 함양을 불태우고 있다. 타오르는 이 불꽃이 보이는가?' 라고 외쳤을 것이다.

그는 초나라 사람들에게 보여주려고 진나라 궁전과 도읍을 잿더미로 만들었다. 진나라와 싸움이 벌어졌을 때 항우와 유방은 잘 협력하였다. 진나라 도읍인 함양咸陽에 먼저 진입한 것은, 전투에 강한 항우 군사가 아니라, 유방이었다. 유방은 승전의 과실을 필요 이상 취하지 않고, 관용을 베풀었다. 궁전에도 일체 훼손하지 않고 귀중품도 그냥 손대지 않았다. 그러나 뒤늦게 도착한 항우 군사는 궁전을 유린했고, 파괴했으며, 방화하였다. 초나라 출신 항우는 지난날 진나라의 침략을 당했고, 초나라 백성은 진나라에 군사의 말굽 아래 짓밟혔다. 항우는 초나라 사람들에게 보이기 위해, 초나라 사람들의 박수 갈채를 받기 위해서 무의미한 파괴행위를 자행했던 것이다. 특정 부류의 사람들에게만 향하는 배려와 자비심은 다른 부류의 사람들에게는 좋지 못한 감정과 질투심·반발심을 유발하는 요인이 된다.

유방은 유교의 가르침에 크게 좌우되지 않았다. 유교사상은 조직 관리에는 도움이 되기는 하지만, 노장老莊의 무위자연無爲自然 가르침은 조직의 운영관리에 불편을 끼치고 조직을 경직화 시키는 요인이 내재한다. 경서經書의 원칙에 너무 충실히 매달리면, 보신주의가 횡행하게 되어, 조직이 경직화 될 수 있다.

유방은 유교적 사고에 너무 집착하는 인재는 크게 평가하지 않았다. 유방은 큰 부분만 챙기고 세부적 사항은 산하 장군들에게 일임하는 도량을 보였다. 위임을 함으로서, 인재를 성장시킬 수 있다. 조직의 발전과 성장을 도모할 수 있는 것이다. 다소 힘겨운 일을 위임함으로써, 아래 사람의 능력이 신장되고 조직도 성장하게 되는 것이다. 실패하더라도 그 원인을 지적해 주면 된다.

지도력의 유형(스티븐 코비, 1997)

- **강압적**強壓的 **지도력**(Coercive power) : 구성원이 두려움 때문에 지도자를 따른다(일시적이고 대응적인 통제력).
- **실리적**實利的 **지도력**(utility power) : 구성원이 혜택이나 이익을 얻기 위해 지도자를 따르게 된다(지능적이고 대응적 영향력).
- **원칙중심**原則中心**의 지도력**(principle-centered power) : 구성원은 지도자를 신뢰하고, 지도자가 목표로 하는 대의명분이 옳다고 믿으며, 지도자가 원하는 대로 행동하기를 원한다. 한스 셀리예(Hans Selye)는 '지도자들은 구성원들이 그들을 존경하고 충성하는 동안에만 지도자로서의 역할을 담당할 수 있다'라고 했다.

지도자의 명예와 전력을 증대시켜줄 키워드는 설득, 인내, 온화함, 배움의 자세, 수용, 친절함, 열린 마음, 진심어린 충고, 일관성, 성실성 등이다(스티븐 코비). 지도자가 갖는 지도력의 정도는 그가 구성원들을 위해 무엇을 해 줄 수 있느냐에 달린 것이 아니라, 지도자 자신이 '어떤 인물인가'에 달려 있다 할 것이다. 한마디로 조직의 리더로서의 가장 기본적인 것은 '인성'이다.

1998년 워싱턴대학교에서 세계적인 성공자 초청강연에서 워런 버핏은 '성공의 비결은 간단합니다. 좋은 머리가 아니고 인성입니다.' 훌륭한 인성이란 용감성, 강인함, 겸손함, 독립적 사고력, 근면함, 배움을 향한 열정과 노력 등이 포함되어 있다(쑤린(苏林), 2014).

지도력의 유형은 대체로 항우가 실리적 지도력과 강압적 지도력에 해당하는데 반하여, 유방의 지도력은 원칙중심의 지도력에 해당한다. 항우는 초반부터 용감하고 강한 지도자로 알려졌던 인물이다. 이에 반해 유방은 초반에는 거의 무명의 장수였으나 세월이 흐름에 따라 그의 의협심과 야망, 개방성, 협동성, 공정성, 신뢰성이 널리 알려지게 됨에 따라 군사들과 인재들이 그를 따르게 되었다.

존경받는 리더의 특성(Kouzes & Posner, 2011)
- 야망 : 야심적, 노력가, 노력
- 개방적 : 개방성, 유연성, 관대함

- 돌봐줌 : 감사함, 온정적, 양육
- 유능함 : 능력가, 숙달함, 효과적, 프로
- 협동적 : 협력적, 팀플레이어, 감동적
- 용감성 : 대담성, 용감무적
- 신뢰성 : 믿을 수 있는, 양심적, 책임감
- 결연함 : 헌신적, 일관성, 목적지향
- 공정성 : 정확성, 비선입감, 합목적, 관용성

존경 받는 리더의 특성은 옛날 고대 중국의 인성항목이 21세기 현재 그대로 적용될 수 있는지는 의문이 있다. 그럼에도 불구하고, 인간의 기본적 인성에는 예나이제나 크게 다르지 않을 것이라는 가정하에, 기본적 인성에 관한, 쿠제와 포스너(2011)의 특성에 적용해 보면, 유방이 7개 항목, 항우가 3개 항목으로서, 유방의 리더십이 우세한 것으로 나타났다.

명 군사참모 장량과 명장 한신 등이 과거 항우 아래에 있으면서 항우의 양 팔 노릇을 하다가, 어느 날 유방 아래로 넘어 간 사실과, 항우 휘하에 있던 많은 군사들이 여러 차례에 걸쳐 유방에게로 넘어간 이유에 대한 분석의 한 자료가 될 수 있을 것으로 생각된다.

강희 황제의 리더십

'강함과 유연함을 함께 갖추어라. 剛柔并學'

이것은 중국에서 전통적으로 내려오는 마음을 다스리는 도 가운데 가장 중심이 되는 사상이다. 다시 말해 유연함과 강함을 함께 베풀고, 약함과 강함을 함께 사용하는 것을 말한다.

강희는 이 도리를 성공적으로 운용한 사람이다. 그는 중국 역사상 최초의 학자형 황제이자, 문치와 무공을 겸비한 극소수의 걸출한 황제 중 하나다. 그는 8살의 어린 나이로 황제에 올라 61년간 천호를 호령했으며, 앞을 멀리 내다보고 계획을 세울 줄 알았고, 통치에 게을리 하지 않았다. 한 손에 4서 5경을 들었고, 다른 손에는 수학과 외국 서적을 들었으며, 주자학을 신봉하며 왕도정치를 내세웠고, 백성들을 감화시키고 천하에 위엄을 떨쳤다. 그는 또 신하들의 공적은 치켜세웠고 부패는 중벌로 다스리면서 관대함과 부드러움으로 나라를 다스렸다.

그의 다스림 아래 나라는 내우외환의 큰 혼란에서 벗어나 태평성세를 이루었으며, 거센 비바람이 그치고 백성들은 풍족을 누리게 되었다. 이는 그의 능력과 지혜가 비범했음을 증명해 주는 것이다. 청대 말기 명재상 중 증국번曾國藩은 강희를 영민함과 명철함이 누구보다 뛰어난 황제였으며, 주문왕과 비견되는 인물로 평가했었다.

프랑스인 선교사 부배(J. Bouvet)가 쓴 <강희제전康熙齊傳>도 강희에 대한 찬사로 가득하다. 강희를 '꿈속에서도 만나지 못할 위대한 인물' 이자 '천하를 통치한 황제 가운데 가장 명철한 군주'라고 칭송하고 있다. 그의 웅대한 계획과 탁월하고 장기적인 식견, 예리한 통찰력과 고상한 도덕성, 강한 의지와 비범한 자질, 넓고 깊은 학식과 학구열, 당당한 태도와 위엄, 빛나는 눈빛과 단정한 외모 등은 세인들을 탄복시키기에 충분했다.

한자학 권위자인 시라가와 시즈카는 <강희대제康熙大齊>에서 강희를 '진정한 왕도의 계승자이자, 유교 통치의 대표자'로 보고, 그의 문치와 무공, 고상한 품격과 비범한 재능을 높이 평가하였다.

강희재의 이런 면모는, 개인적인 인간성, 즉 어려서부터 길러온 자제력과 인자한 성격에서 나타났다. 그는 전통적인 치국의 이론을 배우고, 그것을 융통성 있게 운용하는 지혜, 그리고 이런 지혜와 이론을 실제 정치에 운용할 줄 아는 능력을 가지고 있었다.

그는 황하에 대한 치수 사업을 실시하고, 여섯 차례나 몸소 황하 유역을 둘러보며 실제 사업 현황을 살폈고, 국토 보존을 위해 직접 군대를 이끌고 변경 지방으로 원정을 가 오랑캐들을 쫓아냈다. 원정기간에도 그는 뭇 병사들과 마찬가지로 하루 한 끼만 먹으며 병사들에게 솔선수범을 보였다.

그가 경양문의 성루에 올라 군대와 백성들을 지휘하면서, 활활 타오르는 불길을 직접 몸으로 덮쳐서 껐다는 일화는 매우 유명하다. 뿐만 아니라 그는 자신을 보기 위해 몰려든 백성들을 쫓아내지 못하도록 명령하고, 심지어 황제를 위한 악대에게 백성들을 위해 궁중음악을 연주하도록 명하기도 했다.

실사구시實事求是를 중시하는 강희제의 사상과 행동양식은 대부분 수십 년을 하루같이 이어 온 공부하는 습관에서 얻어진 것이 있다. 그는 청대 황제 가운데 유일하게 서양과학을 진정으로 이해한 최초의 황제였다. 그는 근대 천문학을 공부해 수평의水平儀를 황하 치수에 사용했으며, 삼각의三角儀를 이용해 적 근거지의 해발고도를 파악했다.

'수신제가치국평천하修身齊家治國平天下'로 대표되는 그의 지혜에는 강함과 유연함을 병용하고자 하는 그의 심리가 깔려 있다. 그는 반란을 평정할 때도 당근과 채찍을 함께 사용하고, 용병에 있어서는 기회를 잘 이용했으며, 정치에 있어서는 허와 실을 결합시켰고, 관리들을 다스림에는 관대와 엄격함 사이에서 중도를 유지하였다. 또 마음을 다스림에서는 마음과 지혜를 함께 사용하였다. 얼핏 보면 보통사람과 다를 바 없지만 자세히 보면 오묘함이 무궁무진한 인물이었다.

노자는 <도덕경>에서 아주 큰 사각형은 모서리가 없으며, 큰 그릇은 늦게 만들어지고, 커다란 음은 그 소리가 희미하며, 커다란 모습은 그 형체가 없다.

大方無隅 대방무우   大器晚成 대기만성
大音希聲 대음희성   大象無形 대상무형

큰 도리에는 술수가 없다. 즉, 도로써 일을 행하는 사람은 하루 종일 눈동자를 굴리고, 온갖 수단을 짜내며 계략을 구상하지 않아도 된다. 행함과 행하지 않음, 말하고 말하지 않음에 모두 도가 있으며, 중한 일을 수월하게 처리하고, 위기에 봉착해서도 의연함을 잃지 않는다.

중국 소설가 파금巴金도 '최고의 기교란 기교를 부리지 않는 것'이라 했다. 도리를 얻으면 마음이 가는 데로 행해도 정해진 규범에서 벗어나지 않는 경지에 다다를 수 있다.

도리란 큰 지혜이며, 술수는 잔꾀에 불과하다. 도리는 자연이라 규율이고, 술수는 기교이자 수단이다. 도리와 술수는 항상 비교된다. 유가에서는 도리를 중히 여기고, 법가에서는 술수를 중히 여긴다. 중국 고대 황제들 가운데 술수를 사용해 승리한 자는 많았지만 도리를 이용해 성공한 인물은 매우 드물다.

강희제는 나라를 다스림에 도리를 중시하고 술수는 배제했다. 유가에서 말하는 도리가 강희에게서 실현되고, 나라를 다스리는 도리로 발전되고, 강희의 치국 도리를 창조했다고 할 수 있다.

하지만 도리와 술수 사이에는 공통점도 존재한다. 도리에는 술수가 있고, 술수에도 도리가 있다. 도리를 터득한 사람이 위선을 부리면 그것이 바로 다 빗나간 술수가 되고, 술수를 가진 사람이 덕을 갖추면, 그것이 바로 바른 왕도가 되는 것이다.

(중략)

강희제는 일을 행함에 있어, 강합과 유연함을 함께 사용해야 하며, 너무 관대하거나 너무 엄격해도 안 된다고 하였다. '중용'은 강희제가 나라를 다스리는 데 가장 근본이 되는 관념이었다.

그가 황제에 즉위한 지 얼마 되지 않아 오삼계吳三桂가 반란을 일으키자, 그는 무력을 버리고 투항하면 그 죄를 묻지 않겠다고 말했고 그리고 그것을 실천했다. 그의 이런 중도정책으로 인해 정국은 안정되고, 반란도 모두 평정할 수 있었다. 관리들을 등용하고 관리함에 있어서도 강희는 '청렴함을 제일로 삼으면서도 관리가 너무 청렴하면 남들에게 인색해져, 민심을 얻기 어렵다고 생각했다.

강희 19년인 1608년, 강희는 신하들에게 용이 되려면 어떻게 해야 하는지 물었다. 청렴함이 최고라고 하는 신하들에게, 그는 '청렴하면서도 관대해야 하지만, 너무 관대해서도 안된다.' 좋은 관리란, 청렴하고 부패를 저지르지 않으며, 남을 대함에 있어, 관대하고 융통성이 있어야 한다고 생각했다. 청렴한 관리에도 등급이 있어, 청렴하고 고지식한 자와, 청렴하나 재능이 없는 자, 그리고 청렴하나 안정을 해치는 자로 있으니, 이 중에서 청렴하면서도 나라의 일을 잘 처리하고, 백성들의 민생에 도움을 주는 자라야 좋은 관리라고 생각했다.

그는 재능 있는 자를 매우 아껴, 신뢰는 다소 낮아도 재능을 가진 자를 받아드렸으며, 이 두 부류의 사람들이 서로 협조할 수 있도록 애썼다.

II

전쟁과 핵과 항공모함

북한 핵 실험 유감

지난해 10월 북한은 기어이 핵실험을 하고 말았다. 그 동안 국내외에서 북한 핵실험은 모험이라느니 핵실험을 하면 더욱 곤경에 처할 것이라는 여론이 분분했으나 북한은 남의 말 들을 것 없다는 북한식으로 하고 말았다.

유감스럽게도 우리 정부에서는 어느 정도의 폭발력인지 정확히 모르는 것 같다. 또 미국의 정보기관의 분석이라고 하면서 북한 핵실험은 실패라고 추측도 한다.

그것은 폭발력이 TNT 1kt(kt는 백만 kg)미만에 불과한 정도라고 하니 일본 히로시마 원폭의 폭발력 16kt에 비하면 폭발력이 약하다고 보았거나, 0.5kt 정도의 소형 원폭은 아직 미국도 개발하지 못한 터에 북한이 소형 원폭을 만들 만한 기술이 있었을 리가 없다고 본다면, 결국 핵실험은 실패했다고 추측함직 하다. 하지만 북한 핵실험을 실패라고 추측하는 것은 타당하지 않다.

　북한은 1991년 노태우 정부시절 "어떤 형태의 핵시설도, 핵무기도 갖지 않고, 핵실험을 하지 않는다."라는 협약을 했다. 더구나 NPT에도 가입했었다. 그럼에도 불구하고 북한은 이런 협약이나 조약 쯤은 헌 신문지 조각 버리듯 하고, 보란 듯이 핵폭발 실험을 했다.

　그런데 문제는 핵실험을 한 북한보다 우리에게 더 있다고 하겠다. 미국이나 일본의 현지 신문이나 방송은 대대적으로 큰일이 일어난 것처럼 떠들고, 그래서 미국이나 외국에 나가있는 교민은 전화가 국내로 빗발치는데 정작 우리 나라에서는 걱정하는 사람이 거의 없다.

　북한이 핵폭탄을 만들어도 그것은 "미국이나 일본을 겨냥한 것이지 우리 대한민국을 향한 것이 아니다"라고 자위하고 있고, 심지어 정부의 어느 고관은 "북한이 제 살기 위해 핵폭탄을 만들 수도 있는 것 아니냐"라고 오히려 반문하고 있다.

　이런 정도로 우리는 담담하다 못해 대담해 진 것인지 아니면 완전히 안보불감증에 걸린 것인지 헷갈린다. 그 동안 보안법은 악법이니 폐기해야 한다며, 간첩을 잡았다하면 그것이 오히려 이상한 세태가 되었으니 우리의 주적개념은 이미 사라지고 없고, 우리의 적은 오히려 미국이나 일본이라고 하는 좌파 인사들이 버젓이 세종로 거리를 활보하고 있고, 미국인 한 사람도 이 땅에 남지 않아야 통일이 온다고 하는 인사가 정부의 중요한 요직에 앉아있는 실정이 지금의 우리 나라 형편이다.

무슨 일만 있으면 호들갑스러울 만큼 떠들던 TV 방송도 북한 핵 문제에 대해서는 함구하고 있다. 어느 포럼에서 국제정세에 관해 강의를 마친 강사에게 어떤 분이 이런 질문을 했다. "강사님, 우리나라는 핵확산금지조약 때문에 핵폭탄이나 핵재처리 시설을 갖지 못한다면 북한이라도 그것을 갖고 있는 것이 무엇이 그렇게 염려되는 일이냐. 남북통일이 되면 그 핵폭탄은 우리 것이 되어 우리도 핵보유국이 되지 않느냐. 그것은 어떻게 생각하느냐." 라는 말도 안되는 질문을 한 사람이 있었다. 참 한심한 어린이 소견을 가진 덜 된 사람이다.

북한은 지금도 남한 적화를 위해 한시도 그 고삐를 늦추어 본적이 없는, 우리의 제일 주적이다. 휴전선 155마일에 장사정포를 배치하고 언제든 서울을 불바다로 만들 수 있다고 하는 집단이다. 북한의 대남 전술전략은 한자 한 획도 바꾸지 않았다. 북한의 노동당 강령 "남한 적화를 위한 그날까지 끊임없이 투쟁한다."는 한자도 바뀌지 않았다.

공연히 우리만 쌀 주고 비료주고 현금주고 하면 평화가 올 것이라 착각을 하고 있다. 핵실험 역시 미국이나 일본이 아니라 일차적으로는 우리 나라를 향해 핵폭탄을 겨누기 위함임을 잊어서는 안 된다. 그러나 우리는 무엇에 근거를 두고 마치 평화가 다 온 것 같이 판단착오를 하고 있는가?

왜 먼저 김치 국 마시는 꼴로 세계인의 비웃음을 사고 있는가? 북한이 남침 않겠다는 무슨 보장이라도 받았는가, 아니면 불가침 조약이라도 남북 간에 맺었단 말인가? 아무런 보장도 없이 서울을 향한 장사정포는 수백 문이 지금도 그대로 장전되어 있는 실정인데 서울에서는 그저 태평성대이며 우리는 마치 평화를 구가하는 것처럼 보인다.

국가 간 평화란 힘이 있을 때 성립하는 것이지 힘의 균형이 깨어지면 평화란 한낱 구호에 지나지 않는다는 것을 역사에서 보아오지 않았는가? 평화란 구걸하여 얻어지는 것은 결코 아니다. 자기 나라를 방어할 수 있는 능력이 없는 국가는 국제관계에서도 업신여김을 당하고 항상 약자의 위치에 서있게 됨을, 조선조 말기 열강 사이에서 우왕좌왕, 안절부절하던 고종 황제의 모습을 통해 우리는 보지 않았던가. 이러 함에도 우리 국민 중 누구도 북한의 핵폭탄 실험에 대해 걱정하는 이는 없다. 핵폭탄의 폐해와 그 위력에 대해 무지하거나 아니면 애써 외면한 것은 아닌지 모를 일이다.

세계적으로 전쟁에서 핵폭탄을 사용한 것은 제2차 세계대전이 한참이던 1945년 미국이 맨해튼계획(Manhattan Project)으로 만든 원자폭탄이 처음이자 마지막이다.

1945년 8월 6일 11시 따가운 여름 햇살이 내려쬐는 일본의 히로시마 상공 1만5천 피트 높이에 미국 비행기 한 대가 날고 있었다. 아무도 관심두지 않고 그냥 일상의 공습이려니 했다. 그러나 몇 초 후 번쩍하는 밝은 섬광이 비쳤는가 싶은데 그 이후는 상상이 불가능 할 정도이다.

　히로시마에 떨어진 원자폭탄은 우라늄 U-235 폭탄으로 TNT 16kt의 위력을 가졌다. 원폭의 피해는 "열선", "폭풍" 및 "방사선"으로 구분한다. 이런 정도의 원폭이 떨어지면 1/100만 초 안에 주위 온도가 섭씨 100만도가 되고 1/10,000초 후에는 섭씨 30만도가 된다. 태양의 중심온도가 100만도임을 감안하면 상상이 갈 것이다.

　이때 공기가 가열되어 불덩어리가 형성되는데 그 크기는 히로시마의 경우 직경 280m나 되고 표면온도는 5,000℃였다(태양의 표면온도는 약 6,000°K). 600m 거리에서 2,000℃였다. 이 복사열은 반경 5km 이내에 있는 물질은 모두 다 태운다. 사람, 짐승 나무 가릴 것 없이 남아 있는 것이 없다. 그리고 열 폭풍이 일어나 건물이고 시설물이고 그대로 존재 하는 것은 하나도 없다. 핵폭탄은 보통의 폭탄과는 그 개념이 다르다.

　폭발 시 발생되는 엄청난 양의 방사선은 모든 생물이 순간적으로 폐사하게 되고 이 방사선은 흙, 먼지, 공기입자에 조사되어 죽음의 재인 방사선 낙진이 된다. 또 방사선에 쪼인 모든 물질이 잔류 방사선 때문에 생명체에 해를 준다. 방사선 낙진에서 나오는 방사선은 수십 년간 방출할 수도 있다. 핵폭발이 일어나면 발생하는 방사선의 총량은 1,000억 큐리(curie) 이상으로 반경 100km이내 생물은 대부분이 1주일을 살 수 없고 적어도 25년간 방사선이 지속된다. 그 당시 일본의 히로시마 인구 민간인 23만 명 중 30%인 7만 명이 죽고 13만 명이 부상했으며 많은 사람이 원자병에 시달렸다. 폭발의 중앙에는 공기가 팽창하여 강한 폭풍이 일어난다. 폭발당시 중앙부조의 풍속은 초속 440m에 달하여 사람이 날아가고 건물이 쓰러졌다.

이어서 1945년 8월 9일 일본 나가사키에는 21kt의 플루토늄 P-239 폭탄이 떨어졌다. P-239폭탄도 우라늄 235폭탄과 비슷하다. P-239의 원소는 지구상에 존재하지 않는 원소로 U-238 핵분열 후 생성 잔여물에 함유되어 있어 이를 재처리하여 회수한다.

일본은 이 원자탄 두 방에 그만 항복하고 말았다. 1945년 8월 15일 일본천황 히로히토의 떨리는 음성의 항복 선언이 지금도 귀에 들림직 하다. 일본은 전쟁을 일으킨 장본이이요 아시아권을 "대동아 공영권"이라 하여 아시아 모든 국가를 자신의 식민지로 만들어 군림하려고 전쟁을 일으켰던 것이다. 한국을 비롯하여 동남아 여러 국가의 선량한 사람을 잔인하게 죽이고 곳곳에서 인간이 해서는 아니 될 못 된 짓을 자행하였다. 그리고 지금도 그 잔학상이나 폐해에 대해 진심어린 사과나 보상은 없이 오히려 히로시마나 나가사키에 원폭의 피해상을 보전하면서 마치 핵전쟁 피해국인양 선전하고 있다. 일본은 비록 경제적으로 성공한 나라이지만, 세계에서 그만큼 대접받지 못하는 이유도 바로 일본국가 지도자들이 정직하기 못하기 때문이 아닐까?

이제 모두 할머니가 되어 여생도 얼마 남지 않은 그분들에게 지난날 일본군인의 위안부로 강제로 연행하고 인간이하의 대우를 한 것에 대하여 진심어린 사과와 보상을 해드리면 좋을 것을 왜 그렇게 못하는지?

국내 사정이 있다고 하더라도 자라는 세대에게 올바른 길을 보여 주기 위해서도 반드시 해야 할 일이라 생각된다. 이제 반세기가 지나면서 일본은 여러 면에서 세계의 지도적 위치에 있으면서도 이런 면에서는 왜 그렇게 옹졸한지 이웃 나라에서 보기가 민망할 정도이다. 혼자 잘살아 부자나라가 된 것이 아니라 이웃국가와 세계 국가가 서로 협력해서 부자가 된 것을 생각하면 일본의 위정자들은 참 답답한 사람들이 아닐 수 없다.

핵폭탄의 위력과 폐해는 우리의 상상을 초월한다. 그런데도 이 땅의 누구도 북한 핵폭탄 실험과 핵무기 보유에 대해 안달하거나 걱정하는 사람을 찾기 힘든 희한한 현실을 어떻게 설명해야 할까? 국민들에게 불안을 부추길 필요는 없지만 적어도 핵폭탄이 터졌을 때 그 위력이나 대피 요령정도는 TV나 방송에서 알려 주는 것이 마땅한 일이 아닐까? 북한 핵실험 후 어느 정당의 대표라는 사람이 개성공단을 방문하여 춤까지 추면서 남북 화합을 노래했다는 신문기사를 보고 참 한심한 생각이 들었다.

우리는 북한핵실험방지에 실패했다. 6·25때 미군개입으로 적화통일실패의 교훈으로 북한은 핵무장 전략을 추진하고 있다. 우리는 이를 과소평가하고 있다. 북의 민족공조전략으로 인하여 우리 국민에게 신경마비가 왔다. 안보위기의식은 사라지고, 북핵문제는 미국-북한문제로 착각하고 있다.

역사의 수레바퀴는 돌고 돈다고 한다. 6·25 동족상잔 이후 북한으로 간 남로당 반역자들이 어떤 모습들이 되었는지를 돌아보면, 지금 대한민국에 반역하고 있는 친북 좌파인사들의 미래 또한 그 모습이 어떻게 될지 짐작이 간다. "한 정권이나 나라에 반역한 동무는 다른 정권이나 체제에도 반역할 수 있지 않겠즈비." 라고 하며 숙청한다면 그때는 무슨 말로 변명할는지 참말로 한심한 사람들이 아닐 수 없다.

아무튼 북한의 핵폭탄 개발은 대한민국과 온 세계가 함께 걱정해야 할 큰 문제이다. 아무도 원하지 않는 핵폭탄! 300만 명의 국민을 굶겨 죽여도 정권연장과 일당의 안위를 위해 수억 달러를 소비하며 핵폭탄을 개발하는 김정일은 오늘날 세계의 문제아가 아니겠는가?

감상적인 통일지상주의는 참으로 위험한 판단이며 통일만이 모든 일에 앞서 해야 할 일이라고 억지 부리는 사람들도 핵폭탄의 위력과 폐해만은 제대로 인식했으면 좋겠다.

투키디데스(Thucydides)의 함정

기원전 5세기 고대 그리스에는 급격히 대두하는 해양도시국가 '아테네'와 지배국가로서 지휘하는 대륙지향국가 '스파르타'가 대립하고 있었다.

양국의 평화와 안정을 유지하려는 시도는 여러 차례 있었고, 어떤 다른 나라도 전쟁을 원하지 않았다. 그러나 결국 아테네와 스파르타는 전쟁에 빠지게 되었다. 전쟁은 약30 년간 계속되었다. 페로폰네소스 전쟁이다.

이 전쟁에 참여하고, 전쟁원인을 분석한 사람이 아테네의 역사가 투키디데스(Thucydides)이다. 아테네의 대두와 그것이 스파르타에 준 공포가 '전쟁'을 불가피하게 했다. 투키디데스의 결론이다.

대두하는 신흥국의 꿈과 프라이드, 도전 받는 패전국의 공포와 자신감의 흔들림, 쫓는 자와 쫓기는 자, 제로 섬(zero sum) 심리가 균형과 안정을 깨는 최대의 적이었다.

아리슨 교수는 신흥국과 패권국 간의 파워 시프트(power shift)를 잉태하는 이 심각한 디렘마를 '투키디테스의 함정'이라고 이름 지었다.

하버드대학 Allison 교수 연구팀 벨화 과학국제문제연구소는 과거 5백년간 발생한 패권전쟁 16건의 원인을 구명한 결과, 전쟁에 이른 것이 12건이 투키디데스 함정으로 설명된다는 결론을 얻었다.

8 · 15 광복

해방되던 날

'짐은 세계의 대세와 제국의 현상을 비추어 보아, 비상조치로서 시국을 수습하고자, 이에 충량한 신민에 고하노라. 짐은 제국 정부로서 미국·영국·중국·소련 4국에 대하여 (포츠담) 공동선언을 수락한다는 뜻을 통고 하였다.'

일본 천황의 떨리는 목소리가 라디오에서 흘러 나왔다. 연합국에 대한 일본의 무조건 항복 선언이었다. 1945년 8월 15일

'대한독립만세 만세, 만세'
독립만세의 함성은 천지를 진동하고, 감동과 환호의 홍수가 강

산을 뒤덮었다.

태양은 더 이글거리고 지구의 폭사열은 더욱 달아올랐다. 흰 치마를 찢어서, 홑이불을 잘라서 태극기를 만들어 들고 나와 '대한독립만세, 만세, 만세' 목이 터지도록 외쳤다. 남자도 여자도 노인도 어린이도 모두 함께 외쳤다. 냄비와 양푼이, 세수대야까지 들고 나와 두들기고, 춤추며 행진하는 대열이 한길에 이어졌다.

미국의 옛 수도 필라델피아의 한 일간신문은 첫머리에 평화를 내걸었다.

THE PEACE
Truman announces Jap surrender, Ends fighting.

평화

트루만 대통령은 일본이 항복했다고 선언했다. 전쟁은 끝났다. 지구상에서 7천만명이 희생된 제2차 세계대전의 종식을 알리는 뉴스였다. 이날은 온 세상이 모두 감격과 환호의 물결을 이루었다.

죽음의 쇠사슬 풀리고 자유의 종소리 울린 날
삼천만 가슴에 눈물이 샘솟고 삼천리강산에 새봄이 오던 날

아 아 동무야 그날을 잊으랴
우리의 생명을 약속한 그날은 8월 15일 8월 15일

　미국에서, 중국에서, 싱가포르에서 그리고 태평양의 여러 섬에서 모두가 환호성을 올렸다. 세월이 흘렀건만 그날의 감격을 잊을 수가 없다. 세계 사람이 환호하고, 한국인이 이토록 감격한 것은 전쟁이 끝났을 뿐만 아니라, 일본제국의 '식민지'로부터 해방됐다는 사실에 연유된다.

　우리는 일본제국주의의 혹독한 질곡桎梏에서 벗어나 자유로운 광야를 마음껏 달려갈 것이다. 암흑의 터널을 빠져나와 광명의 천지로 나아갈 것이다. 동빙한설에 숨 막히는 조임에서 벗어나 화풍난양에 기맥을 펼치는 활력으로 충만하게 될 것이다. 역사에서 교훈을 얻지 못하는 자에게는 미래가 없다고 했다. 여기서, 일제 식민지에 관한 중요한 사실을 되새겨 보기로 한다.

식민지

　약 한세기 전 구한말, 우리나라는 청나라, 일본 및 구미 제국주의의 열강사이에 낀 동아시아의 정치미아였다(브란트, 1897 : 동아시아 국가, 중국 일본 한국). 1905년 을사늑약(을사보호조약)이 맺어지고, 1910년 한국병합조약이 조인되어, 한국의 주권은 상실되고 일본의 식민지가 되었다. 한국은 없어지고 '조선총독부'가 설치되어, 36년간 한반도를 지배하였다. 조선총독부는 일본천황의 직속기관으로서, 2개사단, 약 2만명의 일본군대가 배속되었다. 통치 책임자는 '조선총독'인데 육해군 대장중에서 임명되었고, 통치권한은 막강하였다. 일본 육군사관학교 출신자 1만 3천명 중 대장은 91명으로서 1%이하이다.

일본에는 헌법이 있었으나 식민지조선에는 적용되지 못하였고 대신 '대권'으로 통치하였다. 일제는 한반도를 '준전시체제'로 인식했던 것이다. 이 땅에는 '인권'은 없고, 강압수단으로 통치하는 체재를 만들었다. 말하자면, 계엄령체재 아래 외국의군사정권 통치라고 할 수 있다.

한반도에는 자치의회도 없었고 자치행정기관도 존재하지 않았다. 모든 법령은 '조선총독'이 공표시행하는 것이었다. 천황의 허가(칙재)를 받아야 하는 제령制令이 있었지만, 긴급한 경우에는 제령을 먼저 발령한 후, 사후에 승인을 받을 수 있게 되어 있었다. '조선총독부령'은 천황허가가 필요가 없는 법령이었다.

사법부의 독립은 없었다. 재판소는 조선총독부 산하기구에 불과했다. 육·해군 대장출신 조선총독은 필요에 따라 법령도 마음대로 만들고 재판도 자기 뜻대로 운영할 수 있는 지위였다. 한반도 통치에 관하여 입법권, 행정권 및 사법권을 가진, 서슬이 시퍼런 존재다.

조선총독부는 '헌병경찰제도'를 썼다. 원래 헌병이란 군인들의 질서를 다스리는 기능을 갖는 것이고, 일반 사회의 치안이나 질서는 경찰이 담당하는 것이다. 하지만 한반도에는 헌병이 군대치안은 물론, 일반사회의 치안유지문제까지 함께 담당하였다. 헌병의 권한은 폭도토벌, 첩보수집 뿐 아니라, 산림감시, 우량관측, 유해동물구제, 납세권고 등 매우 폭 넓은 분야에 걸쳐있다(山辺健太郞;日本統治下の朝鮮, 岩波新書).

특히 심한 것은 재판없이도 형사처벌할 수 있는 제도로서 '범죄의 즉결'이라는 것이 있었다. '3개월 이하의 징역' 또는 '100엔 이하의 벌금이나 과료의형'에 해당하는 것은, 헌병의 판단으로 처벌할 수 있었다.

동척(동양척식주식회사)

한국인의 토지를 빼앗기 위해서 조선총독부는 1910년부터 '토지조사사업'을 시작하였다. 일제는 악명 높은 '동척'을 만들어 한국 경제침략의 전위대로 활용했다. 당시 한국은 근대적인 토지소유제도가 뿌리내리지 못한 실정에 있었다. 농민들이 필요한 구비서류를 기간내에 제출·신고하는 경우에만 소유권을 인정하였다. 짧은 시간내에 복잡한 서류를 갖추지 못해서 신고기회를 놓치는 사람이 많았다. 또 소유자가 불확실한 것, 지역 공공용지 등은 동척이 접수했다. 1918년에 동척의 소유토지는 27만 정보에 달했다. 조선총독부는 한반도에서 최대의 지주가 되었다. 산림도 같은 방식으로 하여 1924년에는 한반도 전체 산림의 60%가 총독부 관리하에 들어갔다(糟容憲ー : 朝鮮史, 世界各國史 12, 山川出版).

1920년대 조선인구의 80%이상이 농민이었다. 농민으로부터 빼앗은 농지를 농민들에게 임대하여 수확량의 50%라는 높은 소작료를 받는 방식으로 농민을 착취 하였다. 당시 소작농의 고달픈 참상을, 한 일본인의 견문기를 통해서 본다.

일본인의 농촌 견문기

봄에 못자리를 할 때쯤이면 먹을 것이 없는 자가 더 많다. 씨뿌리기, 모심기, 비료, 풀제거 등 수확기까지 드는 비용은 다시 빌려야 한다. 빌리는 조건은 반년에 10할 이자를 부담한다. 불리한 조건인데도 코가 땅에 닿도록 머리를 숙여서 간신히 빌리는 형편이니(이하생략)

이렇게 고혈을 짜서 모은 돈은 동척에 예금하였으니, 한국계 금융기관은 쇠퇴해져서 일본계은행에 흡수 되었다.

저항운동

일제 식민지정책에 저항하는 민족운동이 여러 가지 형태로 일어났다. 1908년 한해에 의병이 1400회나 일어났지만 심한 탄압으로 1910년에는 57회로 줄었다. 신민회를 총독암살미수라는 누명을 조작하여 탄압하였다.

1910년 3월 1일 백성의 축적된 에너지가 폭발, 전국 방방곡곡에서 독립만세의 함성이 울려 퍼졌다. 33인의 대표이름으로 독립선언문을 낭독하였으며 시위가 시작되었다. 조선총독부는 계엄령을 내리고, 5개연대의 군대를 보충받아 철저히 탄압했다. 7000명 이상이 생명을 잃고 15,000명 이상이 부상하고 46,000명 이상이 체포되어 고문과 고초를 당하였다. 유관순양은 고문으로 옥에서 목숨을 잃었다.

3·1 운동 이후 연해주에서 20여개의 독립군부대가 활발하게 움직였다. 홍범도가 이끈 대한 독립군은 간도국민회의 부대였고, 김좌진 중심의 북로군정서는 중관단을 주축으로 하는 부대였다. 임시정부 직할부대로서, 신흥무관학교를 운영한 서로군정서는 서간도한족회가 중심역할을 했으며 독립군을 양성하였다. 독립군은 국경을 넘나들며 일본 군인과 경찰을 공격하였고, 식민지 통치기관을 파괴하고 요인암살 활동을 전개하였다.

광야를 달리는 독립군

광야를 헤치며 달리는 사나이 오늘은 북간도 내일은 몽고 땅
흐르고 또 흘러 부평초 같은 몸 고향을 떠난지 그 몇해이던가

석양하늘 등에 지고 달려가는 독립군아 남아 일생 가는 길은
미련이 없어라

 3·1운동 직후 조직된 '임시정부'는 1919년 파리강화회의에 대표를 파견하였고, 1921년 워싱턴 국제회의에서 외교활동을 벌였다. 이승만은 미국을 대상으로, 이등휘는 소련을 대상으로 독립을 위한 외교활동을 전개하였다(糟谷憲一 : 朝鮮史, 世界各口史 12, 山川出版).

 사이토 총독이 새로 부임하면서 무단정치를 '문화정치'로 바꾼다고 선언하였다. 헌병경찰제도에서 '문민경찰'로 교체하고, 2개의 신문사도 허가하였다. 조선총독부는 기사내용을 검열한 것은 당연하다.
 '동아일보'는 1940년 강제로 폐간되었다. 그간 검열에서 삭제된 사설과 논설만 200여편에 이른다. '조선일보'는 1920년 창간되어 3개월 뒤 1차 발간정치 처분이 내렸다. 이 기간 중 서른번의 기사차압처분을 받았다고 한다. 국민의 입을 막는 것이 당시의 '문화정치'였다.

전쟁의 병참기지

 일제는 한반도를 병차기지로 사용했다. 1920년대, 일본에는 쌀

이 부족했다. 일제는 한반도에 '쌀증산계획'을 시행하고, 쌀의 일본 이출량은 매년 증가하고 있다. 1932~1937년 한반도 쌀 생산량은 연평균 1771만석인데 이중 866만석(49%)이 일본으로 이출되었다(전출, 朝鮮史). 한국인 1인당 쌀 소비량은 연간 0.77석(1912년)에서 0.45석(1930년)으로 줄었다. 통계자료에서, 일제의 쌀 증산계획은 일본을 위한 것임을 알 수 있다.

1929년 미국의 경제공황으로 세계경제 사정이 어려워지자, 일본은 1931년 '중요산업통제법'을 제정하여 정부의 기업에 대한 자유경쟁을 규제하였다. 우가끼 조선총독은 한반도에 법의 적용을 유보하고, 일본자본을 유치하였다. 일본질소비료회사를 유치하여, 전원개발, 알미늄 금속 및 철도 등에 투자하게 하여 한국에서 산업지배율이 36%에 달했다. 닛산의 12%를 합하면 2개 기업이 한국산업의 절반을 차지한 셈이 된다.

노동자의 일본이입을 보면 1942년의 경우 96,010명 중 도망자 35,262명 사망자 615명 기타 3,881명, 귀향 15,729명이다(近代日本と植民地, 5, 海野 : 朝鮮の 勞務動員). 결국 노동자가 일본 이입 후에 약 60~70%가 직장에서 이탈한 셈이다. 여기서 기타가 많은 수를 점하는 것은 무엇을 의미하는가. 만약 행방불명이라고 가정하면 사망률이 더 불어날 것으로 추측된다(朴慶埴 : 朝鮮人强制 連行記錄, 未來事).

일제는 1931년 만주를 점령한 이후 1933년 중국화북지방을 침략하였고 1937년 전면전에 들어갔다. 1941년에는 미국진주만과 동남아를 공격하였다. 일제는 많은 한국인을 전쟁에 동원했다. 한반도는 일본상품과 군수물자를 생산·조달하는 병참기지 역할을 강요당했다. 일제는 수많은 조선인을 군인, 노동자, 그리고 군대위안부로 동원하였으며, 헤아릴 수 없이 많은 양의 식량과 자원을 약탈해 갔다. 일제의 전쟁에 동원된 한국인의 수를 정확히 밝히는 것은 거의 불가능하다. 많은 자료가 사라졌고 엉뚱하게 끌려간 사람도 너무 많았기 때문이다. 강만길 저, '한국자본주의 역사'에 보면 끌려간 인원은 약 650만명에 이른다(군인 37만명, 강제연행 192만명, 성노예 10만명, 근로보국대 400만명).

한국의 노동자들은 모욕적 언사, 폭력, 저임금, 위험한 현장 및 중노동 현장으로 배치되는 차별과 수모를 겪었다. 도망했다가 붙잡히는 경우, 가혹한 린치가 가해졌다(朴慶植, 상동).

신고산 타령 '화물차 가는 소리'

신고산이 우르르 화물차 가는 소리에 지원병 보낸 어머니 가슴만 쥐어 뜯고요
어랑어랑 어허야 양곡배급 적어서 콩깨묵 먹고 사누나
신고산이 우르르르 화물차 가는 소리에 금붙이 쇠붙이 밥그릇 마저 모조리 긁어갔고요
어랑어랑 어허야 이름석자 잃고서 족보 만들고 우누나

민족성 말살 정책

일제는 한국인에 대한 민족성 말살정책을 시행하게 된다. 소위 '황민화' 정책이라는 것이며 '내선일체內鮮一體'라는 구호를 제창하였다. 전국 각지에는 신사神社를 짓고, 모든 이에게 예배할 것을 강요 하였으며, 모든 사람은 천황이 있는 궁성을 향하여 예배를 하도록 하였다(궁성요배). 천황에게 충성을 맹세하는 '황궁신민 서약'을 매일 함께 제창하게 하였다.

조선총독부가 실시한 가장 못쓸 일 중에 하나가 '창씨개명'이다. 1939년 '조선 민사령개정'을 통해 한국인의 성을 일본풍으로 바꾸라는 것이다. 바꾸지 않은 사람에게는 갖가지 불이익과 박해가 따랐다. 개인 고유의 이름을 강제로 바꾸라는 법령이 이 지구상 어디에 있단 말인가? 만약 '부시'에게 '후세인'으로 바꾸라고 한다면, '후꾸다'에게 '라덴'으로 이름을 바꾸라고 강요한다면, 어떻게 될까?

창씨 개명에 여러 가지 저항이 따랐는데 굴욕을 참지 못해 자살하는 사람이 있었고, 조선총독 이름인 '미나미(南)'라고 개명한 자들도 많았다. 하시모토 일본수상은, '창씨개명이 얼마나 많은 사람들의 마음에 상처를 입혔는지 상상이 된다'라고 했다.

조선 총독부는 1938년 조선교육령을 개정, 조선인학교를 일본인

학교와 동일하게 만들었다. 교육 과정에서 조선어는 빠지고, 국어는 당연히 일본어였다. 모든 사회생활에서 '국어'를 쓰도록 강제하였다. 일본어 사용 모범 가정에 '국어상용의 집'이란 팻말을 달아 주기도 했다.

세계 역사상 식민지 국민의 언어를 빼앗고 이름을 바꾸는 비인간적 정책을 시행한 나라가 또 어디에 있단 말인가? 일본헌우회日本憲友會는 일본헌병정사日本憲兵正史에서 '명치유신 후 일본정부는 몇가지 중대한 오류를 범하고 있다. 이중 최대인 것이 한일 병합이 아니었을까?'

정신대 – 종군위안부

태평양전쟁 중, 한국·중국·동남아 국가 여성들이 군인들의 성적 욕구를 충족시키기 위해서 전쟁터로 끌려갔다. 군부대에는 위안소가 설치되었고, 한 여성이 여러명 군인을 맞게 한 것이다. 일본은 러시아 및 중국과의 전쟁에서 군인들의 성병확산 방지와 강간사건 대책으로 부득이 군인위안소설치를 하게 된 것으로 간주된다. 한국에서는 '데이신따이(정신대)' 이름으로 데려갔다. 문제는 '강제연행이었나, 군이나 정부가 직접 간여했는가?'에 대하여 일본은 확실한 태도를 밝히지 않고 있는 것이다.

이에 관하여 '폭력적으로 데리고 갔다'라는 사례가 다수 발견된다는 기록이 있다(靑木裕司, 2003 : 日本·中國·朝鮮). 2007년 아베 수상은 이 사실을 부인하는 발언을 하였다. 최근 미국 의회가 일본의 책임을 거론하기에 이르렀으니, 딱한 일이다.

유비무환

일본은 임진왜란 이후에도 계속 한반도 침략야욕을 불태우고 있었다. 이에 반해 우리는 세계정세에 눈멀고 대비책을 강구하지 않은 체, 맥없이 1905년 을사늑약(보호조약)으로 나라를 빼앗겼다. 1910년에 일본에 병합되었다.

열강이 각축하는 소용돌이 속에서 선진문명 도입 및 국정개혁을 지향하는 개화세력과 척양척외 및 쇄국주의를 고수하려는 수구세력 사이의 다툼으로 유생들의 나라는 혼돈 속에서 빠져 있었다. 한편, 영·미·불·소에 개국하고 막번폐지와 통일국가형성으로 근대화를 촉진한 사무라이의 나라는 식민정책의 조류를 타고 한반도 병합의 야욕을 불태웠다. 유순한 유생의 양떼는 사나운 사무라이 이리 때의 먹잇감이 될 수밖에 없는 처지가 되었던 것이다.

일본은 도요토미가 임진왜란을 일으켜 한반도를 초토화하고 수많은 인명을 살상하였고, 이조말에는 왕비를 살해하는 만행을 저질렀다. 고종황제를 협박해서 '보호조약'을 체결하여 사실상 국권을 탈취했다.

저항하는 의병을 살해하였고, 3·1운동 때 2만여명을 살상하고 수만명을 고문하고 구속했다. 많은 독립운동가를 무자비하게 탄압하였다. 한반도 쌀 생산량의 절반을 일본으로 이송해 갔다. 농민을 수탈하고, 수많은 노동력을 징용으로 끌고가 탄광과 군수공장에서 노예처럼 학대하였다. 젊은이는 징병으로 군에 입대시켰다. 스무 살 미만의 젊은 여성을 여자정신대로 끌고 가서 종군위안부로 손상시켰다. 우리말 우리글을 빼앗았고, 이름마저 빼앗아 민족정신을 말살하였다. 어린 초등학생들을 근로 동원하여 송탄유, 송근유 간솔따기 강제노동을 시켰다. 하루 2.5합 배급쌀로 한국인을 굶주리게 하였다. 신사참배와 동방요배로 황국신민 만들기에 정신이 빠졌다.

따라서 우리는 8·15 광복이 이런 족쇄를 풀어주리라 기대하였다. 제2차 세계대전의 종결은 미·영·소·중 연합국의 힘으로 이루어졌다. 8·15 광복은 우리가 싸워서 이룬것이라기 보다는 항일투사들의 강렬한 투쟁, 연합군의 승전, 그리고 포츠담선언에서 비롯된 것이라 할 수 있다. 종전 직후 북위 38도선 이남은 미국군이, 이북은 소련(러시아)군이 진주하게 되고, 분단이 장기화 되었다. 8·15 광복은 '절반 광복'이라고 볼 수 있다. 8·15 광복은 새로운 국가운명의 개막이요 새로운 시련과 도전의 시발점이 되었다.

광복절

> 흙 다시 만져 보자 바닷물도 춤을 춘다. 기어이 보시려던 어른
> 님 벗님 어찌하리 이날이 뜨거운 피 엉킨 자취니 길이 길이 지키
> 세 길이 길이 지키세 (정인보)

지난 날의 일을 바르게 이해하고 성찰해야만, 현재사정에 효과적으로 대처할 수 있고 미래의 도전에 적절히 대비할 수 있다.

오늘날, 한반도의 상황과 국제정세가 백년전의 그것과 흡사하다는 우려가 곳곳에서 나온다. 역사적 사실을 거울삼아, 나라를 지킨다는 각오를 새롭게 다짐해야 할 것이다.

국부병강 영세자유 國富兵强 永世自由

미국항모에 대한 연습표적과 지하장성

중국 북단의 고비사막에는 미국 항모의 모형표적이 설치되어 있다. 크기와 형태가 거의 완벽하게 미국 항보를 모방한 표적이다. 중국 포병부대가 대함탄도 미사일의 착탄을 완벽한 것으로 하기 위해, 이 표적을 사용하고 있다.

사천성 서창西昌 위성센터에는 지상발사 지구고궤도 미사일 동능動能 2호 등 위성 병기의 실험이 진행되고 있다. 미국 인공위성을 공중에서 타격 추락시켜, 이를 통해 우주에서 양국의 전략적 우위성을 타파하기 위한 것이다. 해남도에는 거대한 지하잠수함기지가 완공되었다. 이 기지로부터는 '거랑巨浪 2호' 라는, 세계 중 어떤 도시라도 파괴할 수 있는 대륙간탄도미사일을 탑재한 진급晋級 원자력잠수함이 수중 잠항상태로 조용히 출격 가능하다.

미국과 러시아는, 협정에 따라 핵탄두 보유수를 대폭 삭감한 상태인데 반해, 중국은 '지하장성' 개발을 계속하고 있다. 지하장성은 전장 5천 km의 미로 같은 지하도를 말한다.

거기에 수를 급속히 증가시키는 '탄도핵미사일'이 보관되어 있다. 핵미사일이 향하고 있는 곳은 미국 뿐이 아니다. 인도, 일본, 필리핀, 베트남 등 나라들이 표적이 되고 있다. 중국 위정자들은 '중국은 평화적인 것을 바라고 있다'라고 주장하고 있다. 그렇다면 중국은 왜 공격능력을 급속하게 늘리는지? 이 사실은 핵시대에 가장 중요하고 민감한 문제이다.

Peter Navarro, 미국 대통령 보좌관 <Crouching Tiger>

시진핑習近平 강체제의 강국전략強國戰略

○ 중국, 사회주의 현대화 강국 되다
- 2017년 10월 공산당대회에서 시진핑 중국공산당 총서기, 건국 100주년 2049년 '사회주의 현대화강국 된다.'
- 항일전쟁의 승리로 건국한 마오쩌둥毛澤東
- 개혁·개방 정책으로 '부국' 이끈 덩샤오핑鄧小平
- '강국'으로서 세계질서를 주도하는 시진핑 공산당 전인대 헌법 개정, 2기 10년의 국가주석 임기 철폐 종신으로

○ 공산당대회의 '정치보고'에서 새로운 것
- 공산당창설 100주년(2021년), 전국 100주년(2049년), 중장기 국가 전략 제시한 것

- 2020 소강사회 실현 (다소 여유 있는 사회)

  2035 사회주의 현대화 성취

  2050 사회주의 현대화 '강국强國' 달성

- 21세기 중반에 '세계일류군대' 구축

○ 시진핑의 국가전략

- 국가주의(Nationalism)

  공산당 역사관에 기초한 대중의 '애국심'을 자극함

- 아편전쟁 이후 중국, 내우외환內憂外患의 암흑상태, 전란 빈발, 산하황폐, 생활 방편 상실, 고난극심.

- 중국, 일으켜 세운 마오毛, 풍요하게 한 덩鄧, 강하게 만들 시習

- 지난 5년간 자신이 역사적 변혁 주도, 자화자찬

○ 시진핑 제2기 담당할 정치국 상무위원 7명 선출

- 7인 중 후계자 없고, 과거 부하로 채움

- <시진핑 신시대 중국 특색 있는 사회주의사상> 지도이념을 공산당 규약에 명기, 권위 획득, 1922 이후의 임기철폐헌법개정

○ 시진핑의 장기집권 야심에 경고음

○ ZTE(중국통신, 中口通訊)이란 심천深圳에 본사를 둔 중국 제2위의 정보통신기업이다. 2017년 12월기의 매상고는 약 1088억 위안(약 11.9조원)이고 중국 500 대기업 중 68위이지만, 숫자 이상의 존

재감이 있다.

○ 4월 16일 로스장관 휘하의 미국 상무성은 모든 미국기업은 ZTE에 부품, 소프트웨어 등 기술의 제공을 금지한다는 명령을 내림. 휴대전화 등 통신기기의 기간부품을 제공하는 인텔, 마이크론테크, 쿠알콤, 브로드콤 등 기업으로부터 조달이 금지됨. 기간은 7년간 (2025년 3월) 미제 부품 이외 부품 조달은 곤란함. ZTE는 도산위기에 직면

○ ZTE가 수입한 미국제 부품을 이란으로 빼돌렸던 불법행위 포착

○ 2017년 벌금 8억 9230억 달라, 39명 경영간부 면직처분

○ 중국 유확劉鶴 부총리 방미, ZTE 벌금 합의.

　6월 13일 ZTE 주가 폭락 25.6HK 달라에서 14.9HK 달라로, 19일 9.85HK 달라로 폭락

　- 벌금 14억 달라, 전년도 발금 함께 22억 9천만 달라

　- ZTE 이사 및 경영간부 30일 이내 쇠신

　- 6월 29일 이사 전원과 경영간부를 교체

　- 국민 분노 ZTE와 중국정부에 집중

　　※ 중국 하이텍산업, 미국 집적회로에 의존

○ ZTE 사건으로 중국하이텍산업 미국과 기술 격차 노출

　- FAWAY, 레노보, 소마이(小米) 등 미국 부품 필수적

○ 인민일보(18.3.28), 미국 보잉기의 26%, 대두 56%, 자동차 16%, 집적회로 15%를 수입하는 것이 중국이다.

○ 15%의 집적회로는 부가가치를 가하여 제품으로 수출됨.
○ 미국이 집적회로를 판매하지 않겠다면 중국 하이텍 산업은 큰 손상, 첨단기술 개발 경쟁 치명적
　※중국제조 2025.

○ 중국 2018년 전인대全人代 헌법개정, 국가주석 임기 철폐, 권력 집중, 독재자, 황제, 영구집권 가능하게 되었음.
○ 개혁 필요성, 특화국유기업에
○ 정치국 상임위원회위원 7인, 각 1개의 국유기업→ 이원화 국유기업개혁 불가능, 시진핑 자기에게 권력집중
○ 민족주의 국가, 매스컴 실책 비판 기능, 선거제도 정권 교체 가능성
○ 중국 정권계속, 시진핑 종신 집권 가능성
○ 유일한 결제요인 미국,
○ 도광양회韜光養晦 - 재능을 숨기고 기회를 기다림.
　덩샤오핑鄧小平 이래 중국국가 기본방침
○ 시진핑習近平 2014 대비 주전론主戰論 표명.
　2018 미중 무역전쟁 - 펜스 연설, 도광양회 중단 시기 착오, 중국 내 비판여론 비등함 (오군화, 吳軍華, 2019)
○ 공산당 지도부 후회 - 방침수정, '국위선양영화' 공개 예정 취소, 시진핑 예찬억제, 포스터 철거, 개인숭배 당원연수회 취소 등
○ 중국공산당의 이상적인 체재体制란 정치적 자유 비판 없음. 대신

경제적 자유, 돈벌이 대찬성 - 싱가포어 형(미야게 중국민의 공산당에 반발은 정체불안정이 되지 못함. 2019). 경제적인 악화도 정치불안정이 되지 못함. 역사적으로 1960년대, 문화혁명으로 수천만명이 다치고 아사餓死 했으며, 국민의 불만은 극에 달했지만, 공산당은 권력을 유지했음.

중국인은 "공산당과 시진핑은 마음에 들지 않는다. 그래도 그들이 없으면 나라가 큰 혼란에 빠지고, 더 어렵게 된다." 이렇게 생각하는 사람이 태반이다(吳, 2019).

o 중국에 가장 위협이 되는 것은, 유력자, 기업, 기관을 대상으로 하는 제재임. 2018년 9월, 미국은 인민해방군 병기 관리부문인 이상덕李尙德 중앙군사위원회 장비발전부장을 제재대상으로 삼았음. 12월에는 통신기기 기업 Hua way 창업자 임정비任正非 대표의 장녀 맹만주孟晚舟 부회장이 캐나다에서 당국에 구속되었음. 공산당 고관이나 실력자가 제재대상이 되면, 지도부 구심점에 영향이 생길 가능성이 있음. 1989년 천안문 사건이 대소동이 된 것은, 학생운동의 평가에 관한 지도부내 의견차이 발생 때문이었다는 것을 잊지 말아야 함(吳, 2019).

남지나해에서 다시 군사적 행동을 취할 가능성도 있지요. 이것을 미국은 위협으로 보고 있음(메아, NMV 컨설팅 고문, 2019). 지난해 10월 남지나해 남사군도 근해에서 미해군구축함 디케이터와 중국해군구축함 여양旅洋이 41m 거리까지 이상접근하여 충돌을 시도하였음. '항행자유작전'은 미해군의 기본 전략임. 여기에 중국해군이 도전을 계속한다면, 우발적 충돌에서 미중간의 전쟁으로 발전할 우려가 있음. 전면전은 아니라도 국지적인 충돌은 충분히 있을 수 있음.

중국해군은 촌스러워요. 시골스러우니까 국제적인 규칙을 지키려하지 않는 거요. '항행의 자유'를 무시하고, 나쁜 행동을 하는 것이지요. 경제분야에 존재하는 미중 간의 '공통언어'가 '안보'에는 존재하지 않아요 (토미사까, 富坂, 2019).

'중국해군이 남지나해에서 보여 주고 있는 군사행동은 마치 1930년대 일본 육군이 범한 과오를 반복하고 있는 듯합니다. 중국이 남지나해의 섬에 관하여 국제중재재판소가 중국의 관할권을 부정하는 결정을 했지요. 중국은 이미 red line을 넘었어요. (미야게, 宮家, 2019) 그보다 더 민감한 것은 '타이완(台湾)' 문제입니다. 타이완 탈환은 중국사회의 최대 political correctness (정치적 정당성)이기 때문에. 조국통일을 위해, 타이완에 대해 군사행동을 일으키는 것으로, 정권의 정통성을 보이려 하는 것, 이것이 가장 유의해야 할 사항임 (吳, 2019).

미국과 중국의 무역전쟁

1. 배경

중국이 남지나해에서 국제법에 위반하는 인공섬 건설과 군사시설의 확충에 미국은 반대함을 표명함. 중국의 지적 재산권 침해에 제재 관세 부과할 것을 밝힘.

중국도 미국산 자동차와 면직물에 25% 관세부과 예정 발표. 미국은 2018년 세 차례에 걸쳐 500억달러 중국상품에 대하여 25% 관세를 부과시사.

중국도 보복관세 부과 예고함, 관세전쟁 개막

시진핑 90일간 연기요청, 양국 협의 중(3월말)

2018. 10 펜스 부통령 연설, 중국에 단호히 대처

미국대 중국 대결의 본질은 무엇인가?

2. 위험요인

일대일로, 남지나해, 무인도에 인공섬 활주로 건설, 항모 6척, 중국제조 25년, 사이버공격 및 핵미사일, 지적재산권 침해, 우주개발, 남지나해 함정 충돌위협, 항공기 공중충돌 위협

3. 미국과 중국의 대립사항

17.06	미국, 마티스 국방장관 아시아 안보회의에서, 국제법에 위반되는 중국의 해양진출과 군사거점화에 반대 발언
	중국, 국가정보법 시행, 모든 조직과 개인은 국가 정보활동에 협력 의무 있음 규정
18.03	중국 전국 인민대표자 대회, 국가주석 2기 10년 재선제도 철폐
18.03	미국 통상법 30조 의거 중국 지적재산권 침해 제재관세 부과표명
18.04	중국 미국산 자동차 면화에 25% 관세부과 발표
18.04	미국 미 기업에 중국 ZTE와 거래금지 제재 발효 8월 9일

제재 발효

18.07 미국 중국제품 340억 달러 예상 제재 관세 제 1탄 발동, 25% 8월 제2탄, 9월 제3탄 발동

18.08 미국 국방권한법 2019 성립. 2020년 8월 Huawei 등 중국 5사 제품 사용하는 기업, 미정부와 거래금지

18.10 미국 펜스 부통령 연설, 중국에 단호한 대처 할 것

18.12 중국 캐나다 당국자에 Huawei 창업자 딸, 명효주孟曉舟 부회장 2개 여권소지, 스파이 혐의 구속
미중 수뇌회의, 사이버 공격과 지적재산권 침해
90일간 협의 합의 (기간 2019년 3월)

4. 펜스 부통령 연설 핵심 (2018년 10월)

1) 미국 사회에 대한 선전공작
2) 정부와 민간이 일체화된 권익 확대
3) 불공평한 상거래 관행
4) 대출자금 미끼 외교 (money works)
5) 지적재산권 절도 (steal and copy)
6) 동·남지나해의 불법 영해 확장
7) 국내 압박 확정
8) 덩샤오핑 - 개혁개방노선은 중국인 자유의 꿈

- 펜스 연설, 시진핑 정책 비판 대신 덩샤오핑의 개혁개방 노선 찬양
- 연설 내용, 정부 각 성청 논의 결과 종합한 것
- 미국, 위협과 부정의 큰 대가 지불하고 분쇄하는 관행

5. 미 정부 대중 정책 참모진

- 오바마 정부 때 판다 헤커(대중융화파) 잡소
  J. 스타인버그 전 국무부 차관 등 이탈
- 드래곤스레여(대중 강경파) 대폭 증가
- 대중정책 기초자료 P. 나바로 국가통상회의 위원장과 A. 그레이(2016)의 공저논문
- 펜스 연설의 요지, 이 논문 방향과 합치

6. 트럼프 대통령

- 자기애성自己愛性 인격장애人格障礙의 경향
- 남들로부터 칭찬 받는 일이 최우선
- 전문가는 사이코피티(psychopathy)라고
- 상식선에서 납득 곤란한 판단

7. 관세부과 효과

- 현대산업사회 상호간 긴밀하게 연계되어, 간단히 분리 곤란
- 특정기관과 기업의 제제가 더 효과적일수도 있을 것
- 관세부과, 농업과 철강업 등 포함됨, 미국내 피해도 막대, 장기화 곤란예상
- 미·중대결은 스타워즈: 2018 북한핵, 2019 무역전쟁, 2020 남지나해 또는 타이완. 최종에는 중국정치 시스템 등 예상

8. 관련

- 일대일로 - 9단선
- 무인도 불법 인공섬 조성, 활주로 건설
- 중국제조 25년
- 핵, cyber, 미사일

참고

• 미국의 국제사회에서 영향력 저하
  - 2008년 리만 쇼크의 후유증, 신뢰도 손상

- 동서 냉전 후 Globalization 미국 내 공동화空同化 일부 백인층에 불만, 자신감 상실
- 부시 중동정책 실패로 중동철수 정책, 우크라이나 위기, 시리아 위기시 오바마 의연성依然性 결여
- 트럼프 국경벽 설치, 중국 상품과다 관세 부과 등
- 최근 10여년간 미국 국력의 저하 근거 없어
- 미국의 리더십 저하, 국력 적절 행사 능력 부족

- 미국의 역사
  - 미국, 최초부터 강대국으로 출발한 것이 아님
  - 북부, 영국에서 도피한 청교도(淸敎徒, puritan) 이상주의적인 크리스트교 원리주의자들이 주로 입국함
  - 남부, 대농장을 경영하는 현실주의적, 중상주의적인 식민주의자들이 주로 입국함

- 국민의식성향
  - 보편주의, 북부적인 이상주의, 자유와 민족주의 등 미국적 이념을 국제사회에 확장하자는 사고
  - 고립주의, 남부적 현실주의, 미국만의 번영을 생각하는 America First의 내향성 고립주의 사고

- 두 이념간 충돌

- 남북전쟁, 1861년 남북전쟁에서 북부가 승리, 미국 통일된 강대한 국가 확립
- 1960년대 공민권 운동, 형태가 바뀐 제2의 남북전쟁
- 트럼프 정권 'America First' 가치 아래 백인지상주의 운동이 활성화

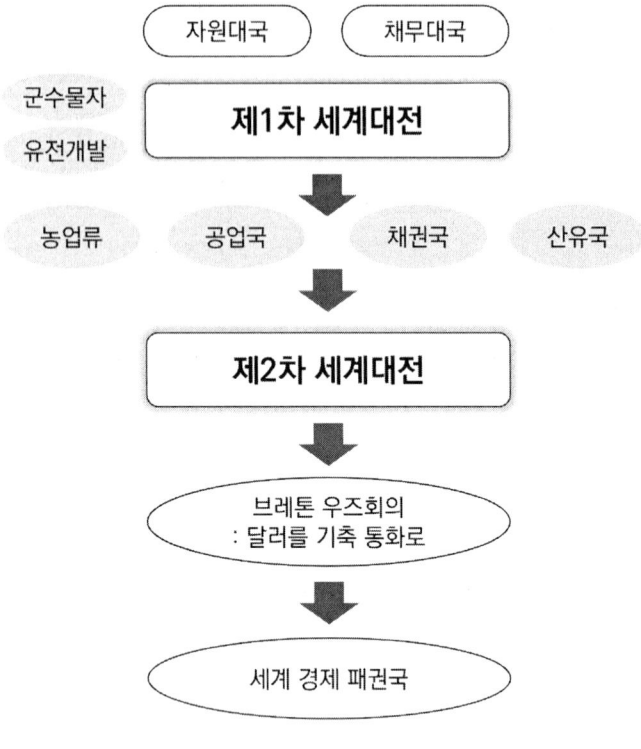

그림 1. 두차례 세계대전과 미국 경제

중국 근·현대사

○ 中國 100년의 치욕
  - 아편전쟁 이후 중국역사, 중국인 기질에 큰 영향
  - 중국과 인도, 아세아 선진국
  - 영국, 중국에서 홍차 수입, 수입량 폭증
  - 영국 산업혁명, 면직물 대량생산, 품질 중국제보다 높아
  - 영국에서 대량의 등이 은이 중국으로 유출
  - 영국 비밀리 인도에서 아편 제조, 중국에 수출, 수입한 홍차 대금을 지불, '악의 3각 무역'
  - 영국 중국번화가에 아편살롱 개입 중국여성 접객
  - 중국 격노, 청국정부 국내 아편흡입과 수입 금지조치 광동에서 적하 아편을 몰수.

- 1840년 영국, 텐진天津항에 함대 파견, 전쟁 돌입
- 영국군 연전연승, 1842년 청국 항복, 홍콩 활양, 광동·샹하이 등 5개 항구 개항.
- 청정부 아편 수입 묵인상태, 청국 최고 굴욕
- 독일, 프랑스 등 열강 6개국 중국에서 국토 잠식
- 1895년 일청전쟁, 청국 완패, 거액의 배상금 지불, 타이완 활양 강제.
- 1912년(?) 신해혁명 청국정부 붕괴, 일중전쟁·내전
- 제2차 세계대전 후, 1949년 중화인민공화국

○ 미·영 장제스蔣介石 국민당을 지원.

○ 국민당 부패로 자멸, 미국지원액 8할 공산당으로 1937~45년 인프래 2,000%, 국민 불만 접고

○ 장제스, 타이완으로 패주

○ 중국에 공산당 정부 탄생, 미국은 승인 않음

○ 중·소 우호동맹, 상호원조조약 체결

○ 중국, 소련의 3억 달러 차관으로 공업화 착수

○ 미국 대중국 수출 금지

○ 중국, 러시아와 일정 거리 유지

○ 중국 1958 소련 모방 <대약진> 계획, 경제 대혼란, 수천만명의 아사자 발생, 마오쩌둥 국가 주석 사임

○ 60년대 중·소간 무력충돌 국경문제

○ 하천국경, 통상 하천 절반 영유 관행, 섬도 동일

○ 1972 일본, 중국과 국교 회복. 1979 미국, 중도권 국교 회복

○ 1972 중국, 배상권 포기

○ 대신 일본 경제원조, 중국근대화에 큰도움

○ 중국 국민 민주의식 고취, 해외유학생 증가

○ 1980 중국 천안문 사건 발생

　민주화를 요구 학생들, 천안을 광장 점거, 군 강제해산

　서방세계, 인권침해행위 중지 요구, 중국개혁개방정책협력

　서방국가 다수기업 중국진출 막대한 투자. 고립으로 국제공산

　주의 진영복귀 방지.

　중국, 국제적 고립 모면, 국민민주화우려, 반일교육실시

○ 2000년대 중국전략 (E. Luttwak, 2016)

　- 중국 1.0 평화적 대두, 전략적 성공, 외국투자유치

　- 중국 2.0 대외강경노선 세가지 착오

　- 중국 3.0 선택적 공격. 双樹

○ 기엔쇼샤祇園精舍 종소리 제행무상의 울림 있었고, 사라소주娑羅双樹 꽃 색 성자필쇠盛者必衰의 이치를 나타낸다.

　　　　　교만한 자 장구하지 못해 일장춘몽과 같네.

　　　　　　　- 헤이께 이야기(平家物語)

착오 1. 돈이 힘이다(money talks)
　　 2. 직선적 사고방식(linear projection)
　　 3. 경제력과 국력 간 선행(볼행, Lead)과 지연(Lag) 존재

Ⅲ

기후 변화와
미·중 대결과 스포츠

지구온난화

1. 인간활동 – 지구환경의 급격한 변화

2004년 태풍 카타리나, 폭우, 수천 명 인명, 이재민 수십 만

2003년 프랑스 무더위로 15,000명 사망

2002년 강릉 24시간 동안 850mm 폭우

2003년 Tokyo 12월 기온 26℃

■ IPCC(2001)

· 기온상승 : 지난 100년간 0.4~0.8℃ 상승

　　　　　　다음 100년간 1.4~5.8℃ 상승 예측

- 북극 해빙 : 두께 감소 1.3m 약 40%

    면적 감소 1950년 이후 10~15%

    금후 해빙범위와 적설 감소, 빙하 후퇴
- 해수면 상승 : 20세기 10~20cm 상승

    1990년~2100년 해수 팽창 및 빙하 융해 9~88cm 상승
- 엘니뇨 : 1970년 이후 빈번 발생, 장기화 및 강력화

    금후 한발과 호우 격화 가능성

2. 온실효과 gas

- 일사 : 태양의 일사 중, 대기·지표 반사를 뺀 나머지 부분이 지구표면에 도달하여 지구표면을 가열함.
- 대기방사 : 지구에서 우주공간으로 열을 방사함. 방사된 적외선 중 일부는 대기 중 온실효과 가스에 흡수됨.
- 적외방사 : 가열된 대기는 다시 우주공간 및 지구표면으로 적외선을 방사하여 지표면 부근 공기를 가열함. 결국 지표면은 일사 및 대기방사로 2중 가열됨.
- 온실효과 : 지구표면 온도가 일사에 의한 가열 이상으로 높아지는 것 = 대기방사에 의한 기온 상승
- 온실효과 gas : 대기 중 적외선을 흡수하는 gas, CO_2, 메탄 등

- 지구표면 평균기온 15℃, 공기 없을 경우 온도 -18℃, 온실효과 온도 33℃

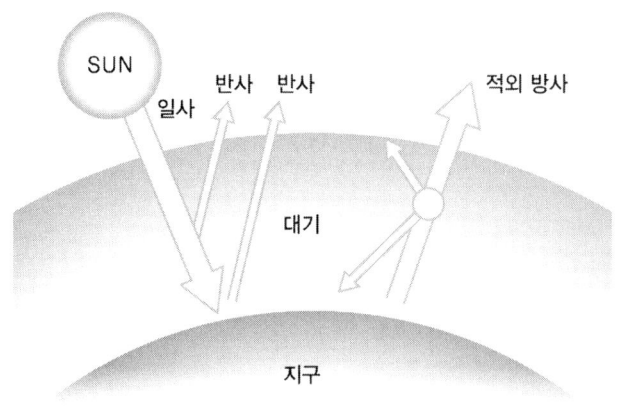

그림 1. 지구표면 가열과 온실효과

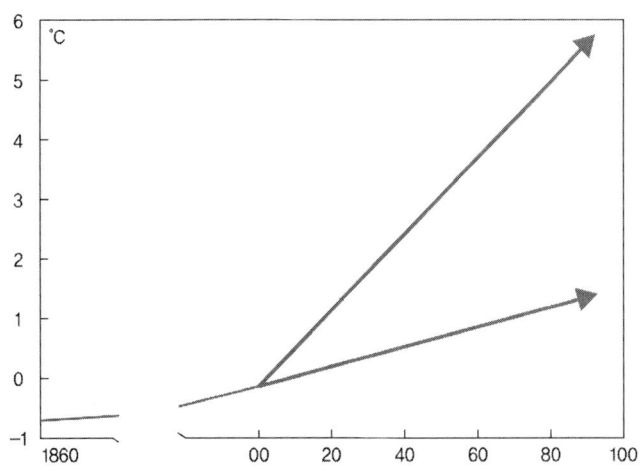

그림 2. 과거 수온과 미래 100년 수온 상승 예측

3. 온난화 예측

■ 경과

- Arenius(1897): Carson(1962) Silent spring
- Meadow(1972): The limit of growth
- 인간환경회의(1972) Stockholm
- Rio Summit(1992) 세계정상
- Kyoto 지구온난화 방지회의(1997) Kyoto의정서
- Haag 지구온난화방지회의(2000)
- Kyoto의정서 발효(2005)
- Arenius(1897) : 대기 중 이산화탄소 농도가 2배가 되면 지구평균기온이 2-5℃ 올라 갈 것.
- Manabe et. al.(1967) : 방사대류평형모델
- Schlesinger et. al.(1987) : 3차원대기해양혼합층모델
- Stouffer et. al.(1989) : 3차원대기해양대순환모델
- 영국 East Englia 대학 과학자팀 (1998) : 지난 100년간 전세계 평균기온 0.5-0.6℃ 상승
- IPPC(2001) 보고서 : 20세기 100년간 지구 평균기온이 0.6℃ 올랐다. 이유는 대부분 인간활동에 의한 것이며, 21세기 후반 기온이 1.4~5.8℃ 더 상승할 것이다.
- 기온 0.6℃ 변화 지구표면적 $510.1 \times 10^6 km^2$ 막대한 에너지 증가

4. 지구온난화 원인

- 온실효과 gas 농도 증가
- 이산화탄소 농도 증가 : 280ppm → 365ppm
  1750~1998년(30% 증가), 발생원 : 화석연료(석유, 석탄) 연소
- 메탄 농도 : 0.7ppm → 1.7ppm
- 아산화질소 : 285ppb → 305ppb
- CFC : 0 → 240ppt

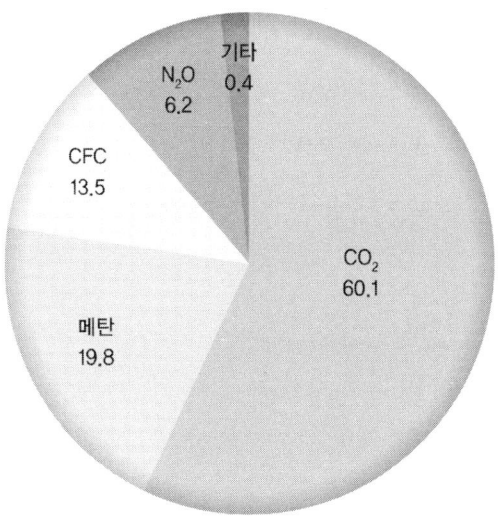

그림 3. 온실효과 gas의 지구온난화 기여도

5. 온난화 영향

- 기온상승, 해빙 감소, 해수면 상승, 엘니뇨 강화
- 기후 변화 : 한발, 홍수, 열파, 태풍 등 강화 및 빈도 증가
- 해양 : 대서양 태평양 해양순환 변화, 그린랜드 및 남극의 빙상 붕괴, 시베리아 영구동토 및 연안 퇴적물의 온실효과 gas 대량 방출
- 생태계 변화 : 동식물의 생물상 변화
- 경제적 손실
  - 피해 심대, 특히 농업, 축산업
  - 피해액 '90 $400억 피해 저감 대책 경비 과다
  - 식량부족, 식량 가격 상승
  - 물 부족 인구 18억(2000) → 50억(2025)
- 연안국
  - 국토 수몰, 면적 감소, 연안 침식, 해일
  - 해면 수위 40cm 상승 시 침수 피해 2억인
- 피해 시차 : 가시적 피해 기후 변화 후 수년, 수십 년 후
- 감염증

6. 온난화 대책

- 1992년 Rio환경회의 지구온난화방지협약 서명
- 1997년 Kyoto의정서 체결, 2005년 발효
  인류의 생활양식에 큰 변화, 경제에 영향
- 선진국의 2000년 이후 삭감 대상 gas : 이산화탄소, 메탄, 대체 Freon류, SF6
- 삭감 목표 : 전체 1990 기준 5.2%, 미국 7%, 일본 6%, EU 8% 등
- 기간 : 2008년 ~ 2012년
- Kyoto 저경비기구 및 흡수원 이용
  각국과 협력하여 저경비 삭감 방안으로 공동 실시,
  크린개발메카니즘, 배출권 매매 등 방안과 삼림의
  탄소흡수분(흡수원) 이용 가능(예, CO_2 거래가격 1톤당 6만원)
- 한국 : 방지협약 서명 당시 한국은 개도국으로 분류되어 2008년 감축 목표 할당을 받지 않으나 2013년에 할당 받게 될 것임
- 세계 이산화탄소 배출량
  - 1991년 227억 톤에서 매년 증가

1997년 국별 배출량 비중(%) 및 1인당 배출량(톤)

	미국	중국	러시아	일본	인도	독일
비중	22.6	13.9	6.0	4.8	4.3	3.5
1인당	20.1	2.8	9.7	9.2	1.1	10.2

기후변화 역습
취약계층을 돌볼 특별 대책 세워야

부산지방 '기후변화 역습'이 가시화 되 폭염과 열대야, 일수가 최근 20년간 각각 2배, 15배 증가하여 피해가 속출하여, 독거노인과 장애인, 빈곤층이 최대 희생자인 점이 문제다. 부산은 노령화와 기후변화를 함께 겪고 있다. 장기적이고 체계적인 대책이 시급히 요망된다.

부산지방기상청 주최로 8월 6일 열린 '보건 기상 기후 서비스 사용자 워크샵'은 시의적절한 것으로 생각 된다.

폭염, 호우, 가뭄 등 지구촌 곳곳에서 일어나는 기상이변이 바로 우리의 문제라는 경각심을 일깨우기에 충분하다. 과거 아열대 지방에서 서식하던 야생 진드기가 북상하고, 일본 뇌염 모기가 조기 출현하는 것은 물론이고, 국내에서 발생한 '메르스'는 우리나라가 아열대 환경으로 변했음을 증명하는 것이라는 주장도 있다.

지구온난화에 따른 기후변화가 인류 생존을 위협한다는 경고는 지난 세기말 리우환경정상회의 때 심각하게 논의된 바 있다.

영국 런던대학 연구팀은 최근 의학 저널 <랜싯>에 발표한 <기후변화와 세계보건 연구 보고서>에서 <기후 변화문제를 인류의 건강과 생존의 문제로 보아야 한다>면서, <이상기후 문제를 막지 못한다면, 인류가 반세기 동안 이룩한 의학 발전도 아무 소용없게 된다> 라고 경고 했다.

기후변화는 보건과 가장 긴밀하게 연계된 까닭에, 화석연료 사용량을 줄이고, 친환경 재생에너지에 눈을 돌리는 일은 이제 인류에게 '발등의 불'이 되고 있는 것이다.

폭염을 비롯한 기후변화에 즉각적으로 대처할 수 있는 비상 구급체계의 구축도 서둘러야 한다. 노령화 속도가 빠른 부산은 기후변화 정보를 통해 예방의학을 강화하는 보건의료 패러다임의 대전환이 요망된다 하겠다. 방문간호사나 노인돌보미가 독거노인이나 거동 불편자를 방문하는 횟수를 늘리고, 전화도 자주하는 등 맞춤형복지 대책이 필요한 때다. 기업과 시민단체, 자원봉사자도 우리 사회 취약계층의 안전에 적극적인 관심을 가져야 한다. 겨울철 연료비를 대듯, 기상이변에 효과적으로 대처할 수 있도록, 전기요금을 지원하는 방법도 검토해야 마땅할 것이다.

생물다양성조약

지구촌의 자연환경이 빠른 속도로 나빠지고 있다. 카슨(Carson, 1962)은 저서 <침묵의 봄(Silent spring)>에서 각종 농약의 사용으로 새와 벌레가 죽어서, 봄이 와도 새가 울지 않는다고 경고하였다. <침묵의 봄>은 합성화합물질이 자연현상에 미치는 위험성에 관한 경고장이다. 합성 화합물질이 지구자연을 오염시키는 과정과, 동물의 체내에 축적되는 경로가 상세하게 그려져 있다.

콜본(Colborn, 1996)은 합성화학물질이 성 발달장애 및 생식이상과 밀접한 관련이 있음을 뒷받침하는 과학적 자료를 면밀하게 검증하는 역작을 펴냈다. <잃어버린 미래(Our stolen future)>에서 콜본은 합성화학물질이 호르몬 분비계의 작용을 교란하는 과정을 명쾌하게 밝혀냈다.

리오 환경회의(1992)에서는 의제 21(Agenda 21)이 채택되어, 대기, 수질오염과 더불어, 생물 다양성 문제가 세계적인 관심사가 되었다. 생물 다양성(biological diversity 혹은 biodiversity)이란 지구상의 생물의 유전자, 생물종 및 생태계의 다양성을 의미한다(Sitarz, 1993). 환경오염을 그대로 방치할 경우, 많은 종류의 생물이 지구상에서 사라져 버리게 될 수 있다. 이대로 멸종하는 생물종이 늘어나게 된다면, 마침내 지구생태계는 파괴될 우려가 있다.

우리가 사는 지구의 생태계는 여러 가지 종류의 다양한 생물이 함께 서식함으로써 균형이 잡혀 있다. 지구 생태계(eco-system) 보전에 불가결한 다양성을 생물 다양성이라고 한다. 자연을 보호하고, 여러 가지 종류의 생물이 함께 사는 환경을 보전하는 일은 인간과 생물 모두에게 사활적으로 중요한 과제다.

지구상에 '존재하는 생물종'은 얼마나 될까? 현재 그 존재가 전문가에 의해 확인된 생물종은 약 175만 종이라고 한다. 그런데 미발견종이 매우 많아, 단정할 수 없지만, 이를 포함하면 1천만 종이 넘을 것이란 추측이 있을 뿐이다.

이중에서 '위기에 직면한 종'은 얼마나 될 것인가? 국제자연보호연합(IUCN, 2009)의 보고서(Red List)에 의하면 절멸위기종(절멸의 위험성이 높은 종)은 17,291종이 등재되어 있다. 종류별로 보면 포유류는 1,142종(약 23%), 조류鳥類는 1,414종(약 12%), 양서류兩棲類는 1,895종(약 40%), 그리고 어류 1,414종과 파충류 469종이 절멸 위기종으로 기록되어 있다. 이와 별도로 식물은 8,500종(약 20%)이 절멸 위기종으로 등재되어 있다.

절멸 위기종 중에서 특히 야생개체수가 단기간에 매우 많이 죽어(격멸하여), 그대로 방치하면 가까운 시일에 확실하게 절멸할 것으로 보이는 종을 '근절멸종近絕滅種'이라고 부른다. 이에 해당하는 종수는 포유류 188종, 조류 192종, 파충류 93종, 양서류 484종, 어류 306종, 무척추동물 479종 그리고 식물이 1,577종에 이른다.

생태계 파괴의 원인은 무엇일까?

ICCN의 조사에 의하면, 지구 생태계를 파괴하는 원인은 여러 가지가 있지만, 그 중 첫째는 생물의 '거주환경 상실'이다. 산림의 벌채, 사막화의 진행으로 식량채취와 번식의 장소를 상실하게 된다. 다음이 인간에 의한 남획이다. 그 다음으로 자연재해, 외래종 침입, 대기오염, 수질 및 토양오염 등이 있다.

지구규모에서 생태계를 효과적으로 보전하는 일은, 특정한 적은 수의 국가로는 이루기가 어려운 일이다. 그래서 1993년 여러 나라가 협의하여 '생물다양성조약'을 만들었고, 현재 190여개 나라가 가입하고 있다.

2010년 나고야에서 생물다양성조약 제10차 가입 당사국회의가 열렸다. 여기서 '나고야 의정서'가 채택되었으며, 관련 각국이 비준절차를 마침으로써, 이 의정서는 금년 10월 12일부터 발효되어 시행되는 것이다. 이 의정서에 따라 세계 각국은 특정국가가 보유하는 생물자원(동물, 식물 및 미생물)을 허가없이 가져다 쓸 수 없고, 타국의 생물자원과 전통지식을 활용해서 이익이 생길 경우에는 그 자원 보유국과 이익을 공유해야 한다.

나고야 의정서 발효로, 자원보유국은 자원에 대한 권리를 챙길 수 있게 되었다. 반대로 한국과 같은 생물자원이 적은 나라는 다른 나라 생물자원을 활용함으로서 생기는 이익을 나누어 주어야 하는 부담이 커질 수 밖에 없게 되었다.

우리나라는 생물 유전자원의 약 70%를 수입하고 있다. 환경부에 따르면 국내 바이오 산업계가 다른 나라에 로얄티 등으로 부담해야 할 금액은, 로얄티를 5%로 가정할 경우, 연간 수백억 원에서 오천억 원에 이를 것으로 추정된다.

한약업계는 비상이 걸렸다. 나고야의정서의 생물자원 활용법에 관한 규정과 관련하여, 중국과 분쟁의 소지가 있기 때문이다. 한의사협회에 따르면, 중국은 일반 약초류는 물론이고 고려인삼까지 자국의 생물자원 관련 약재라고 주장하기 위해 준비를 하고 있다고 한다. 만약 중국이 한약재에 관한 이익의 공유를 요구할 경우, 국가간 분쟁이 생길 우려가 있을 것은 명백한 일이다. 또 천연화학 성분을 수입에 의존하는 화장품의 경우도, 한약재와 마찬가지로 생산원가의 상승이 예상된다.

나고야의정서 발효로 각종 특허권 등록과 생물자원 수입과정에서, 국제적 소송이 제기될 수도 있다. 기업은 외국의 생물자원에 대한 수입·수출 규제 상황을 세밀히 조사해야 할 것이고, 정부 각 기관은 생물자원에 관련된 정보를 광범위하게 수집하여 제공하는 노력이 따라야 할 것이다.

동영상 백년전쟁

 지난해 하반기부터 '백년전쟁'이란 역사 다큐멘터리 동영상이 화제에 올랐다. 2012년 11월 유투브에 공개되어 여러 버전으로 재생되어, 조회수가 200 만 건 이상에 달했다.
 이 동영상은 본편 4부작과 번외편 2부작으로 기획되었다. 4월말 현재 공개된 것은 본편 1부 '두 얼굴의 이승만'(53분)과 번외편 1부, '프레이저 보고서 – 누가 한국경제를 성장시켰는가'(42분)이다.
 동영상은 민족문화연구소가, 인혁당 사건 유가족이 설립한 '4·19 통일 평화재단'으로부터 제작비 중 일부를 지원 받아 제작하였다. 동영상의 제작목적은 대한민국 건국의 아버지 이승만 초대 대통령과 한강의 기적을 선도한 박정희 대통령의 공헌이 허구라고 선전하기 위한 것이라고 한다.

영상을 보면서 놀란 것은 거칠기 짝이 없는 '논리구성'과 '언어·화면 사용'이다. 대한민국 건국과 경제발전의 주역들을 비난하면서, '개망신', '돌대가리', '미꾸라지', '꼭두각시' 등 비속어를 거침없이 사용한다. 이소룡 영화를 차용하고 일본군이 '이승만 만세'를 부르게 하는 등, 역사적 사실에 기초하지 않은 화면을 집어넣어, 보는 사람의 감성을 자극하려고 한다. 이는 객관성과 사실성을 생명으로 하는 역사 다큐멘터리로서는 낙제점에 해당한다(이선민, 2013).

제목을 '백년전쟁'이라고 한 것은 말이 되지 않는다. 내용의 타당성이나 좌우 이념을 떠나서, 역사관의 문제를 전쟁으로 인식한 '백년전쟁'의 천박함을 엄지현 교수가 지적했다.

이승만 대통령의 하버드 대학 대학원 학적부 복사본을 제시한 부분을 보면, 윗부분을 모두 종이로 덮어 버리고 맨 아래 두 줄만 보인다. 역사학 C, 경제학 D(Failing Grade, 낙제점)만을 부각시키려 한 꼼수도 사용하고 있다. 이승만 박사를 하와이안 갱스터라는 기막힌 대목도 나온다. 이 동영상은 이승만 박사의 친일행위에 초점을 맞추고, 독립운동에는 눈을 감은 것은, 한 쪽으로 편향되었다는 비판을 받을 수 있다(서중석, 출연 교수).

동영상은 학문적 연구 성과와는 거리가 있다.
프레이저 보고서를 다룬 곳에서, 한국의 경제성장을 주도한 수

출지향형 발전전략을 미국이 주도했다고 주장하고 있다. 그러나 이 정책을 주도한 사람은 박정희 대통령이었다는 사실은 여러 학자들이 주장하는 바이다.

많은 역사학자들은 이승만·박정희 대통령처럼 대한민국을 만들고, 일으켜 세운 사람들을 친일 반민족주의 세력으로 매도하는 내용은, 학문적으로는 상대할 가치가 없을 정도로 조잡한 것이라고 한다. 그러나 이 동영상은 일반 국민의 역사인식을 왜곡시키기 때문에, 동영상이 갖는 정치적 함의는 중대한 것이라고 한다. 한국의 역사교육이 실패했으며, 왜곡된 역사를 정치적 도구로 이용하는 옛 공산권의 행태와 기술이 대한민국의 안보를 위협하는 수준으로 성과를 거두고 있다는 증거이다(이인호, 2013).

일부 비판론이 있기는 하나, 이승만·박정희 두 대통령의 공功이, 과過보다 훨씬 크다고 주장하던 학자들은 크게 반발한다. 이들은 이 동영상이 왜곡과 날조로 점철되었다고 비판한다. 동영상의 내용을 반박하는 동영상을 제작하기 시작한다. 4월말 연세대학교 이승만연구원은 '건국의 예언자 이승만(7부작) 동영상을 제작해서 1부를 유투브를 통해 공개할 것이라고 밝혔다. 건국대통령 이승만박사기념사업회는 민족문제연구소를 상대로 소송을 준비하고 있다. 뉴라이트계 (사)시대정신은 민족문제연구소에 공동 심포지엄 개최를 제안하여 합의 개최될 전망이다.

일본의 이와나미서점岩波書店이 창사 100년을 맞았다. 이것은 일본에서 가장 수준 높은 좌경진보계 출판사로서 지식인에 대한 영향력이 매우 큰 서적·잡지를 발간하고 있다. 여기서 발간하는 월간지 세까이世界는 한국의 친북좌파 지식인 리영희 교수 등의 최대 정보원이다. 한국의 좌파 지식인들에게는 바이블 같은 존재였다. 리교수는 세까이에서 얻은 국제정세 등에 관한 지식이나 정보·분석을 자기 글의 소재로 사용했다.

리영희 교수가 한국사회에 미친 영향은 매우 컸다. 386 세대가 그의 영향을 받았기 때문이다. 그의 저서는 한국의 정치 정세를 좌우했다고도 할 수 있다. 그것은 지금도 계속 되고 있다. 이런 측면에서, 잡지 세까이가, 즉 출판사 이와나미가 한국 현대사회, 한국정치에 준 영향은 상당히 컸다고 볼 수 있다(구로다, 2013).

1970년대 약 10년간 잡지 '세까이'에 익명으로 연재된 '한국으로부터의 통신' 필자의 펜 네임이 TK생이었다. 이 글은 한국의 유신시대를 배경으로, 한국의 정치·사회 정세를 반체제·민주화·야당 진영의 입장에서 상세히 전한 기록이다. 이 글에는 사실 뿐만 아니라 뜬 소문, 유언비어까지 상세히 기록되어 있다. 민주화된 후에, 지명관(토교 여자대학) 교수가 스스로 'TK생은 나였다'라고 폭로했다. 그는 김대중 정부때 KBS 이사장이었고, 노무현 당선자의 대통령 취임사 준비위원장이었다.

그는 서울의 여러 루트를 통해 입수한 한국에 관한 비밀정보를 수집하여 '세까이'에 투고하였다. 일본사회는 '세까이'의 '한국으로부터의 통신'을 통하여 '어둡고 침체된 암흑의 독재국가 대한민국'과, '밝게 발전하는 사회주의 국가 북조선' 이라는 대조적인 이미지를 갖게 되었다(구로다, 2013).

일본인 코리아 왓처(Korea Watcher)는 이와나미가 북한실정에는 눈감고, 한국과 미국에는 험한 비판을 계속하였으며, 공산주의를 미화·과대포장하여 꿈같은 이미지를 심어주려 했고, 지식인을 통해서 한국 정치에 큰 영향을 미쳤다고 주장했다.

8·15 광복 직후와 대한민국 건국 전후에, 한국정부는 공산주의자들의 파괴공작에 직면한 상황이라서 무제한의 자유허용이 곤란한 여건하에 있었고, 6·25 남침 전쟁으로 동족상쟁의 재앙과 후유증이 계속 존재하는 상황이다. 반공독재·군사독재 정권과 민주화 투쟁세력 간 대치, 문화권력의 반체제적 기질 심화, 한국을 잘되게 하자는 애국세력과, 북한을 두둔하는 종북세력이 맞서 다투는 형국이 지금까지 계속되고 있다.

1959년 소련에서 과대왜곡을 이유로 폐기된 마르크스 주의 간행물이, 한국 운동권의 의식화 교재로 사용되고, 구소련 체제가 흔들리던 시대에 한국에서는 김일성 주사파가 운동권의 주류가 되어, 친북 반한 반미 이념으로 사회를 흔든다.

역사를 왜곡함으로서 사회 내부를 해체시키려는 전략은 공산권 국가에서는 오래전부터 쓰고 있는 것이다. 1987년 이후, 역사를 한국의 관점에서가 아니라, 북한의 시각에서 바라보는, 이른바 역사 전문가들이 국사교과서 편찬에 대량으로 참여하게 되었다. 한국사회 분위기가, 왜곡되고 기울어진 역사관을 학생들에게 주입시키는 일이 가능하게 된 것이다. 만약 맥아더 장군의 개입이 없었더라면, 6·25 남침 한 달안에 공산국가로 통일되었을 것이라는 주장을 해도, 국가 보안법의 재제를 받지 않는다. 이러한 분위기와 토양에서 백년전쟁 동영상은 활개치고 있는 것이다.

미국의 사회학자 마톤(Robert Marton, 1949)은 <사회이론과 사회구조>에서 Marton Norm이라는 과학자의 행동규범을 정식화하였다. 이에 따르면 과학자의 연구행동을 규율하는 기준은 ①보편성, ②공유성, ③이해초월, ④계통적 회의주의 등이다.

한편 영국의 역사학자 카(E. H. Carr)는 객관적 사료뿐만 아니라 시대정신에 기반을 둔 역사가의 해석이 중요하다고 주장하고, '역사가는 사실의 노예도 아니고, 난폭한 지배자도 아니다. 역사가와 사실간의 관계는 평등한 관계, 주고 받는 관계다.'라고 말하였다. 이를 간단히 말하면, 역사가는 역사적인 문제를 사실대로 설명하고, 사실에 근거하여 분석하고 역사관을 정립해야 한다는 뜻이다.

역사적 사실에 더하기 빼기를 하고, 비틀고 황칠을 하여 공개한 동영상은, 학문적으로는 가치가 없는 조잡한 것이라고 다수 역사학자들이 입을 모은다. 그렇지만 이것은 많은 사람의 역사인식을 왜곡시키고, 왜곡된 역사를 정치적 도구로 이용함으로써, 나라의 안보를 위협하는 단계에 이르게 하는 성과를 거두고 있다는데 문제가 있다.

대한민국을 건국하고 한강의 기적을 이룬 이승만·박정희 두 대통령의 국가에 대한 공헌을 허구화하는 행태는, 산발적으로 일과성으로 지나가는 일이 아니다. 이것은 일부 지식인과 운동권에 한정되는 것이 아니다. 김대중 정권의 '제2 건국', 노무현 정권의 '대한민국은 태어나지 말았어야 하는 나라', '역사 바로 세우기', 최근 야당 원내 대변인의 '귀태(태어나지 않았어야 하는 자)' 발언, 모 야당 인사의 '애국가 안 부르기'…… 이런 일연의 일들이 대한민국 건국을 부정하는 동영상과 무관한 것이라 볼 수 있을까?

생선초밥

　초밥이라고 하면 우리 입에서는 군침이 돈다. 생선 초밥 – 일본어로 스시壽司 – 는 이제 세계적인 식단에 등장하게 되었다. 초밥은 그 독특한 맛 때문에 즐겨 찾는 사람의 수가 점점 늘어나는 추세다. 미국 뉴욕의 대중식사 집 중에서 일식 스시집이 가장 인기가 있고, 가격이 비싸다고 한다.
　쌀밥에 초를 뿌려 잘 섞어서 재워 둔 네다(일본어) 위에 생선 조각을 덮어서 한 개의 생선 초밥이 된다. 네다를 김으로 말아서 만든 김 초밥도 있고 유부초밥도 있다.

　생선초밥을 맛있게 먹는 요령은 첫째, 간장을 생선에 살짝 찍는 것이다. 밥을 간장에 찍으면 쌀알이 떨어지거나 간장이 너무 많이 문는다. 둘째, 생선살이 마르기 전에 먹는다. 생선 살은 수분이 증발하기 때문에 만든 후 약 3분 이내에 먹는 것이 바람직하다. 일본인들은 테이블에 앉기 보다는 요리사 앞 다찌마에(카운터) 좌석을 더 선호하는 이유가 바로 여기에 있다. 셋째, 초밥은 옛날부터 젓가락이 아니라 손가락으로 집어 먹는 음식이다. 손가락의 터치가 더 부드럽다는 뜻이다. 넷째, 간장보다는 소금에 찍으면, 간장에 비해, 생선 맛을 더 잘 음미할 수 있다. 그리고 생선 종류가 바뀌면 초생강 한 쪽을 집어 든다. 새로운 생선의 맛을 느낄 수 있을 것이다.

초밥은 1인분, 한 접시에 10개씩 주문하기 보다는, 되도록 한 번에 2개씩 주문하는 것이 초밥을 즐기는 방법이다. 생선은 종류에 따라 근육의 성분 비율과 맛이 다르다. 생선 종류별로 골고루 맛보려면 '오마까세즈시'를 주문하면 된다. 요리사에게 종류선택을 맡긴다는 의미다.

삼성의 고 이병철 회장께서 호텔 신라의 일식집 주방장에게 초밥 1개의 쌀 알이 몇 개인지 물었다. 주방장이 주저하고 대답하지 못하자, 서른 두개라고 하면서, 배워오라고 말했다고 한다. 그는 도쿄에 가서 2~3년 있다가 돌아왔다는 일화가 있다. 북한의 김정일 주석이, 일본으로 가버린 일식 주방장을 다시 데려오도록 독려하여 조총련에서 더 좋은 예우를 조건으로 설득하여 북한으로 보냈다는 이야기가 있다.

옛날 일본의 에도마에즈시江戶前壽司는 지금의 스시보다 두 세 배 컸다고 한다. 약 150년 전인 1860년대 쯤 스시가 현재 생산 초밥의 원조라 전해진다. 스시의 역사를 더듬어 보면, 7 세기 경, 강에서 잡은 잉어나 붕어 같은 담수어淡水魚의 내장을 제거하고 소금에 절인 후에, 밥을 넣어서 삭힌다. 현재 한국의 식해와 비슷하다고 할까. 16세기에는 도시락 통에 밥과 생선을 담아서, 수 일 내지 수 개월 숙성시켰다.

18세기 에도성江戶城 앞의 포장마차에서, 식초를 섞은 밥에 생선살을 얹어서 팔기 시작했는데, 소문이 퍼지자 포장마차 앞에서 먹는 사람이 줄을 이었고, 포장해서 가져가는 사람들도(테이크 아웃) 많았다고 한다. 18세기에는 냉장시설이 없었기에 간장에 절인 참치나 가다랑어, 초절임 전어, 살짝 데친 새우와 오징어류 등이 재료로 사용되었다고 한다. 지금과 같은 날 생선을 덮는 초밥은 그 역사가, 냉장고가 발달한(콜드 체인이 이루어진) 시기인 1950년대라고 한다. (63 빌딩 일식당 슈치쿠 요리사, 다까시마 야스노리).

약 20년간 한국에서 근무한 그는 '현재 한국과 일본의 초밥 문화는 별 차이가 없다.'라고 했다. 차이가 있다면, 일본 고객은 붉은 살 생선을 좋아한다. 특히 참치류는 고가품으로 인정받는다. 반면에 한국 고객은 흰살 생선을 선호하는 비율이 높다는 것이다. 일본인들은 일반 선어를 좋아하는데, 한국 사람은 활어(活魚)를 더 선호하는 점이 다르다고 했다. 그리고 '초밥을 입에 넣으면 밥 알이 확 퍼지면서 생선살과 골고루 잘 섞이는 느낌이 나야 한다'라고 말했다.

어린 시절의 낭만과 명희형

1

초등학교에 들어가기 전의 일이다.

이웃 구장(현재 동장)집 명희형이, 이웃 아이들과 공치기 하는 곳에 와서

"야, 너희들, 예배당에 가자."

"뭐 할라고 가?"

"예배당에 가면 사탕과자 준다."

"야 가자."

"가자."

우리 일행은 대신동에서 부민동까지 걸어서 항서교회에 갔다. 선생님과 아이들이 부르는 노래를 따라하고 배운다.

> 예수 사랑하심은 거룩하신 말일세
> 우리들은 약하나 예수공생 많도다.
> 날 사랑하신……

어느 날 예배당에서 깜짝 놀랄 일이 생겼다. 나의 신발이 없어졌다. 새 운동화를 신고 가서 잃어버린 것이다. 나는 매우 화났다. 조르고 또 졸라서 산 새 신이 아까워서 발을 동동 구르고, 소리 지르고, 울고….

우리를 데리고 간 명희형이 선생님과 이야기하더니 헌 고무신 한 켤레를 얻어왔다. 나는 울면서 한사코 새 운동화를 찾아달라고 떠들고 울며 고집을 부렸다. 해가 중천에 올랐고, 목이 마르고 배가 고팠다. 명희형은 나를 부축하고 돌아왔다.

어머니께 혼날까봐 겁을 먹고 대문을 함께 들어섰다. 명희형의 설명으로 어머니는 "수고했다"는 말씀만 하시고, 나를 야단치지 않으셨다. 나는 한숨을 돌리게 되었다. 그 순간 명희형은 나에게 친형 같은 친근한 존재가 되었다. 운동화 분실사건이 있은 후, 예배당이라는 말은 쑥 들어가 버렸다.

며칠 후 공치기 하는 곳에서 아이들의 노래 가사가 바뀌었다.

> 예수 사랑한다고 예배당에 갔더니
> 눈 감으라 해놓고 신발 훔쳐 가더라.

나를 골려주는 노래 가사였고, 나는 애가 달았다. 나의 어리석음과 못남을 비웃고 공개했는데도, 나는 분한 생각만 했지 자각하거나 반성할 줄 몰랐다.

2

며칠 후 어느 날 밤에 나의 할아버지가 외국에서 귀국하셨다. 수염을 기른 할아버지는 위풍이 당당한 분이셨다. 나를 끌어안고서 "야가 제법 무거워졌네"라고 하시며 기뻐하셨다.

나는 오랜만에 할아버지 품에 안길 수 있었다. 할아버지는 란드셀 가방과 연필, 색연필과 만화책을 사오셨다. 나는 처음 받은 선물이 너무 좋아 만지고 열어보며 기쁨에 가득 찼었다. 할아버지께서 저녁상을 받아 숟가락을 잡는 순간,

"탕탕탕 문 열어"

"……"

"문 빨리 열어, 탕탕탕"

"누구요?"

"빨리 열어, 탕탕탕"

그 순간 할아버지는 뒷문을 통해 빠져 나가셨고, 어머니는 담을 넘고 들어온 사람들에게 막대기를 휘두르며 막았다. 도리구찌 모자를 쓴 두 사람에게 나무 막대기를 빼앗긴 어머니는 팔을 휘두르

며 몸으로 이들을 막았다. 이들은 할아버지를 잡으러 온 형사들이었다. 화가 난 형사가 어머니를 차고 밀었다. 마당에 쓰러진 어머니의 "아야"하는 비명이 밤의 정막을 깨었고, 나와 누나를 공포에 떨게 했다.

  방안을 뒤지던 한 형사는 할아버지 물건들을 가지고 갔었다. 다른 형사는 새로 사온 나의 선물 가방을 뺏었다. 나는 돌려달라고 매달려 울부짖었지만 형사는 나를 확 밀쳤다. 나는 방바닥에 뒹굴었으며, 겁에 질려 말이 나오질 않았다. 온 집안은 쑥대밭으로 변했다. 한 바탕 태풍은 지나갔다. 하지만 그 소용돌이의 여파는 우리 가족에게 큰 충격을 주었다.

  어머니는 멘소래담이라는 진통제를 발랐지만, 밤새도록 끙끙 앓으셨다. 날이 밝자마자 이웃 사람들이 우리 집으로 왔다. 구장님과 명희형이 와서 보시고, 치자와 밥을 비벼서 다친 발목에 발라 천으로 싸주셨다. 함께 병원으로 가서 치료를 하였다. 상처는 치유되었지만, 발목기능은 정상으로 회복되지 못한 체, 어머니께서는 평생 발을 저는, 장애자로 지내게 된 것이다.

  병원에서 집으로 오자마자 나는 어머니께 물었다.

  "할아버지는 나쁜 사람인가요?"

  "아니다. 할아버지는 나라를 찾으려고 애쓰는 분이다. 우리나라를 일본 사람이 뺏어간 것이다."

  "왜 그 사람들이 잡으러 왔어요?"

"나라 찾는 일 하지 못하게 하려고"

"그 사람들 조선말 잘 하던데?"

"……"

궁금증이 풀리기는커녕 의문만 더해갔다.

집에서나 밖에서나 우리는 조선말(한국어)을 하는데, 예배당에서는 일본노래를 주로 가르쳤고 조선말 노래는 두세 가지만 불렀다. 만화책과 동화책은 모두 일본말이었다(1938-40년 일본은 "한국어 사용금지"와 일본말로 된 "창씨개명" 조치를 단행했다).

3

일본이 하와이 진주만을 기습 폭격했던 해에 나는 초등학교에 입학했다. 1학년 첫날부터 일본말을 사용했고 한글이란 볼 수 없었다. 교사의 대부분이 일본인이었다. 입학한지 사흘쯤 지나 나는 장티푸스에 걸려 드러누웠다. 고열과 두통으로 극심한 고통을 겪은 후에 치유되었으나 머리카락이 다 빠져 대머리가 되었다. 오랜만에 등교했으나 아이들의 놀림감이 되었다.

설상가상으로, 힘없이 귀가하다가 오토바이에 치여 다리를 다쳤다. 수일간 또 결석하게 되었다. 신입생이 약 한달 결석한 후 등교

했으니, 나는 외톨박이가 될 수밖에 없었다. 일본말로 인사하고, 일본어 교과서를 읽고, 일본어 노래를 부르고 일본 이름을 부른다. 나를 본 척도 하지 않고 말도 건네지 않았다. 나는 고립된 섬나라 사람이 된 것이다. 요즈음 말로 왕따가 된 것이다. 비자발적 왕따였다. 학교에 가기가 싫어졌다. 다음날은 사보타주했다.

이웃 아이들과 오랜만에 어울려 병정놀이 칼싸움 판에 끼어들었다. 그런데 웬일인지, 도무지 힘이 없어졌고 다리가 꼬이고 휘두르는 대나무 칼에 힘이 실리지 않았다. 백전백패였다. 연전연승의 용사가 하루아침에 패퇴하는 장면이었다. 예상 밖의 패전으로 인해 나는 분한 생각, 패배감, 좌절감에서 헤어나지를 못하였다. 실의와 낙담으로 어깨가 축 처진 모습을 보고서, 명희형이 달랬다.

"괜찮아, 장티푸스 때문에 힘이 빠져서 그래. 사흘만 자고나면 너는 이길 수 있어."

4

전쟁놀이 칼싸움의 패잔병이 맥이 빠져 돌아오는 길인데, 갑자기 노란 개 한 마리가 옆에서 다가오더니 무릎 아래를 물었다. 순간 나는 뼈가 토막 나는 줄 알았다. 눈에서 번갯불이 번쩍하는 듯 했다. 10여명 일행 중 왜 하필이면 나를 골라서 물었을까? 나의 발걸음에 힘이 빠져 있었으니까 가장 공격하기 좋은, 만만한 상대로 보였을 것이다. 물린 상처는 흰색 골막이 손가락 길이만큼 노출되었다. 구장님께서 상처를 보시고 응급처치 해주셨다.

그런데 이게 무슨 인연일까? 나를 가해한 놈은 바로 구장집 개였다. 구장님은 동네일을 다 맡아 보시는 후덕한 분이시다. 특히 우리 집 일은 자기 일 이상으로 신경을 쓰시고 나를 자기 아들처럼 돌봐주시는 분이 아닌가. 구장님과 명희형은 여러 차례 죄송스런 표정으로 사죄하시고 내 머리를 쓰다듬어 주셨다. 그 개를 붙잡아 줄에 매달아, 털을 구운 기름을 상처에 발라주셨다. 저녁에 구장님 댁 개로 만든 국을 함께 나누어 먹었다. 이것이 내가 맛본 최초의 "황구 보신탕"이었다. 반세기가 지난 요즈음에도 구장님의 인자한 모습과 명희형의 친근한 마음씨를 잊을 수가 없다.

5

며칠 후 상처가 아물어지자, 명희형이 나를 데리고 학교에 갔다. 왕따는 날이 갈수록 심화되어 갔다. 학교에서 명희형은 나와 학우들과 어울리도록 주선해주었다. 방과 후에는 더 자주 함께 놀도록 이끌어 주었다. 함께 물가에 데려가기도 했다. 상처도 아물고 건강도 회복되었다. 전쟁놀이 칼싸움에서도 승률이 절반으로 나아졌다.

등교는 했지만 오랜 결석과 거듭된 사고로 학교생활에 적응하지 못했고 학업에 열중하지 못했다. 그 대신 병정놀이, 공차기에 열을 올렸다. 만화읽기에 재미를 붙였다. 집안 만화, 옆집 만화, 새 만화, 헌 만화 할 것 없이 닥치는 대로 읽었다. 만화읽기에 침식을 잊을 정도였다. 명희형은 자기 집 만화 전부를 넘겨주었다. 심지어 그는 우리 동네 헌 만화 수집책이 되어주었다. 구장집 아들이 만화 수집을 했으니 효율적이었을 것이다.

나는 만화 이야기를 학교에서 노는 시간에 들려주었다. 어느새 나는 "만화이야기꾼"이 된 것이다. 나의 별호가 "만화쟁이"가 되었다. 1학년때 "왕따"가 3학년에는 만화쟁이가 되어, 아이들을 몰고 다니는 "만화팀장"으로 승격한 셈이다. 만화읽기는 동화읽기로 바뀌고 독서습관의 기초가 되었던 상 싶다. 위인전과 무협지를 닥치는 대로 읽어치웠다. 모르는 부분은 명희형에게 물었다.

명희형 덕분에 나는 수천 권의 만화와 위인전을 읽을 수가 있었다. 그는 나를 독서 삼매경에 빠지게 한 사람이다. 때때로 그는 우리를 운동장에 데려가 축구연습을 시켰다. 구덕산으로 데려가 칼싸움은 물론이고 적과 아군으로 편성해서 진지점령과 같은 전쟁전술을 체험하게 했다. 그는 우리에게 자질·능력을 개발하는데 도움을 주었다. 군대조직의 통솔과 규칙 지키기, 명령복종하기 등을 잘 가르쳐 주었다. 보다 어린 사람을 사랑하는 표본을 보여주었다.

인간이 문무文武를 겸비해야 한다고 알려 주었다. 어린이 리더십을 길러 준 것이다.

6

동네 개구쟁이들은 여름방학에 송도해수욕장에 갔다. 학교 풀장과 상수도 수원지 저수장 밖에 보지 못한 우리들은 큰 물덩어리를 보는 순간, 입이 벌어지고 소리를 질렀다. 저 멀리 하늘과 맞닿은 수평선, 밀려오는 파랑과 바위에 부딪혀 부서지는 물보라, 한가하게 날개짓하는 갈매기들… 호기심과 경탄의 눈으로 바라보는 것이었다. 몇 차례 다니는 동안 수영도 익히고 모래성 쌓는데 재미도 느꼈다.

해수욕장에 다니는 사이에 의문이 하나 생겼다. 아무도 미는 이가 없는데 파도는 밀려온다. 파도가 밀려와서는 해변 가까이에서 부서진다. 명희형에게 물었으나 모른다는 것이다. 담임선생님도 부모님도 아무도 모른다는 것이다. 어느 날 명희형은 우리를 구평해수욕장에 데려갔다. 모래사장은 매우 좁고 그 대신 바위가 많아서 조개와 게를 잡는데 재미를 붙였다. 오후에는 수면이 낮아지고 해변 폭이 매우 넓어졌다. 물이 나갔다고 하고, 썰물이 됐다고 했다.

이듬해 나는 수면이 오르내리는 것을 잴 생각으로, 일정한 간격으로 눈금을 표시한 막대기를 해수욕장 앞의 거북섬에 꽂았지만 실패했다. 그 후 친구 한사람과 구평해안에 눈금 막대기를 바위 사이에 꽂아서 다시 수면변화를 재고 노트에 기록했다. 밤이 되니 모기떼가 괴롭혔다. 새벽에는 졸음과 추위에 시달리기도 했다. 여기서 우리는 수면이 가장 높은 시각(고조시)과 그 다음 높은 시각 사이는 약 12시간 반이라는 사실을 실측확인하고 흥분했다. 우리는 그 다음 고조시가 약 25시간이 될 것으로 기대하고, 일출을 맞이했다. 이글거리는 태양이 동녘 수평선 위로 얼굴을 내미는 모양은 장관 그것이었다.

이른 아침에 험상궂은 옆집 아저씨가 어머니들, 구장님 그리고 명희 형과 함께 오셨다. 해수욕 간 두 아이가 귀가하지 않았으니 양가와 이웃 사람들이 밤새도록 걱정하다 새벽에 찾아 나선 것이다. 아뿔싸! 어제 출발시 신고를 하지 않고 집을 나섰던 것이다. 밤새 수면 높이를 재어 기록했다는 얘기를 들은 옆집 아저씨는 수위기록 노트를 바다 속으로 던져버렸다. 나는 이를 찾아 바다에 뛰어들었다. 아 이를 어쩌나, 아무리 해도 육지 쪽이 아니라 이안류離岸流를 타고 바다 방향으로 떠내려가는 것이 아닌가. 여기에 명희 형이 뛰어 들어와 이끌어 주었다. 혼비백산하여 의기소침해진 우리에게 어머니께선 "새벽에 춥지 않았느냐?" 라고 물으셨다. 야단 벼락이 날 것을 예상했던 나는 콧등이 시큰해짐을 느꼈다.

"엄마, 다시는 그러지 않을꺼요."

7

8·15 광복을 맞아 모든 시민들은 거리로 나와 독립만세를 부르며 기뻐했다. 배급 쌀에서 해방되었고 학교에서는 일본말이 사라졌다. 할아버지는 귀국하시자마자 하늘나라로 가셨다. 우리 집은 이사를 했다. 짐을 다 옮긴 후, 명희형은 나의 손을 꼭 쥐었다. 그가 쓰던 중학교 1학년 영어책을 주고 위인전도 함께 주었다. 방학 때면 한 번씩 찾아와 영어 문자 쓰기와 발음을 가르쳐주곤 했다.

광복 후 5년, 6월 25일 새벽 북한군이 쳐들어왔고 피난민들이 물밀듯이 밀려왔다. 명희형이 학도병으로 지원해 가게 되었다. 그날 아침 우리 둘은 다시 손을 꼭 쥐었다. 학도호국단에서 평소 군사훈련을 받았으므로 입대와 동시에 바로 전선으로 배치될 것이라고 말했다.

"잘 있어, 편지할께."

그날 뉴스에는 북한군 탱크가 대전을 지나 추풍령 고개를 점령했다는 소식을 전했다. 나는 매일 신문기사에서 사상자 명단을 보는 습관이 생겼다. 동부전선에서는 북한군 탱크가 영덕을 지나 포항으로 향했고, 안강에서 격전이 벌어져 많은 학도병들이 희생되었다는 기사가 실렸다. 명단에서 명희형 이름은 보이지 않았다. 7월과 8월 낙동강 전선에서 처절한 전투로 인해 막대한 피해자가 있었지만 희생자 명단에 그의 이름은 없었다. 9월 인천상륙작전 후 평양입성과, 중공군 참전 후 다시 1.4 후퇴시 서울을 비워주었고, 다시 수복을 반복하였고, 약 3년 만에 휴전이 성립되었다. 명희형 편지는 지금까지도 오지 않았다. 보훈처 육군 사상자 명단을 뒤졌으나 찾을 길이 없었다. 꽃다운 나이 열아홉에 조국의 부름을 받고 나가 국토방위의 임무를 수행하다가 이름 모를 전선의 이슬로 사라진 것이다.

    명희 형! 명희 형! 어디에 계시는지요?

    예배당, 전쟁놀이, 물놀이, 축구, 만화책, 동화책, 영어책, 바다에서 구해준 은인, 왕따를 만화쟁이로 만들었고, 야생마를 경주용 히어로로 만들었던 조련사, 명희형, 지금 어디에서 잠들고 있는지요? 낙동강변, 도솔산, 다부동, 아니면 청천강변, 어느 곳인지요? 이 서툰 글로서 형의 명복을 빌려합니다.

    명희형!

메이저리그 20 · 20 클럽 입성

추신수 선수가 메이저 리그 20 · 20클럽에 입성했다. 야구경기에서 선수의 득점력을 평가하는 기준은 잘치고 잘 달리는 기량이다. 이것을 수량으로 나타내는 기준으로서 20 · 20 클럽이 있다. 한해 경기 시즌에 홈런 20개와 도루 20개를 달성하는 선수만 가입하는 것이다. '호타준족'을 상징하는 경기기록이다.

미국 메이저 리그의 클리브랜드 소속 추신수 선수가 아시아 선수로서는 최초로 20 · 20 클럽에 가입하는 쾌거를 거두었다. 부산 사나이 추신수 선수는 10월 4일 보스턴 펜웨이 파크에서 열린 보스턴 레스삭스와의 경기에서 2점포를 쏘았다. 비거리 119m짜리 홈런이었다. 도루 21개를 이미 기록하고 있던 추신수는 이날 시즌 20

호 홈런으로, 팀 사상 여덟번째로 20·20 클럽에 입문하게 되었다. 금 시즌 메이저 리그에서 20·20 클럽에 든 선수는 12명 뿐이다. 이 중에서 타율 3할을 기록한 선수는 3명 밖에 없다.

추신수 선수는 정확한 타격, 장타력, 수비력, 송구력 그리고 주루 센스 등 5개 자질을 갖춘 선수(five tool player)로 통한다. '이치로 선수도 이루지 못한 20·20 클럽가입을 추신수가 해냈다.'라는 말이 나왔다. 이치로는 9년 연속 200안타, 한 시즌 최다안타(04년 262안타) 등 메이저 리그 타격기록을 보유하는 일본인 간판타자다. 이치로 선수는 2004년 시즌에 262개의 안타를 쳐서, 조지 시라스가 1920년에 세운 257개 최대 안타 기록을 84년 만에 갈아치웠다. 이것은 1941년 조지 다마지오가 이룬 56시합 연속 안타와 더불어, 더 깨질 수 없는 기록으로 알려졌다. 미국 메이저리그의 '보물'로 알려진 기록이다. 하지만 그는 홈런이 모자라 20·20 클럽에 진입하지 못하였다.

미국 메이저 리그에는 이치로 이외에, 마쓰이 히데키, 후꾸도메, 마쓰이 가즈오 등 7명의 일본 선수 타자들이 활약하고 있다. 마쓰이는 31개 홈런으로 2004년 한 시즌 최다홈런 기록을 보유한 장타자이다. 뉴욕 양키즈 소속 마쓰이는 2009년 월드 시리즈의 MVP에 오른 최고급의 선수다. 그는 2007년 25홈런 4도루에 성공했고, 이치로는 2005년 15홈런 33도루를 기록하며 20·20에 근접했다. 시카고 컵스의 후꾸도메는 홈런기록이 11개, 휴스턴 소속의 마쓰이

가즈오는 9개의 홈런을 기록했을 따름이다. 먼저 와서 활동하던 일본인 선수 7명이 이루지 못한 20 · 20 진입을, 추신수가 풀타임 출전 첫 해에 이룩한 쾌거이다.

추신수는 한국 청년의 기상을 높이고 한국의 이미지를 세계인에게 각인시키는 일을 해냈다. 그의 쾌거는 국민들에게 기쁨을 선사하였고, 우리의 가슴을 뿌듯하게 만들었으며, 미주 지역 교민들의 사기를 한층 돋우었다. 귀중한 것은 젊은이들에게 '하면된다'는 자신감을 갖게 하는 표본이 되었다.

9년 전 부산고등학교 운동장에서 학생 추신수가 시애틀의 짐 콜번 스카우트 앞에서 테스트를 받던 장면이 언론에 보도된 바 있다. 그는 추신수의 피칭을 보고서는 타격을 해보라고 주문을 했다. 추신수 학생이 친 공은 쭉쭉 뻗어나가 외야 휀스에 맞았다. 장타가 계속 이어졌다. 얼마 후 추신수가 타자로서 시애틀 팀과 계약했다는 소식이 들려왔다.

추신수가 장한 것은 9년간을 이국 땅에서 무명 선수로 버티고 견뎌 낸 일이다. 눈물의 햄버거를 씹으며 2군의 설움과 좌절을 겪었다. 이치로 선수의 벽에 막혀 메이저 리그 1군 진출이 어려웠다. 부득이 그는 시애틀에서 클리브랜드로 트레이드 되는 수모를 겪으면서 돌파구를 찾게 된 것이다. 이적 후 첫 시즌에 이치로가 달성하지 못한 20·20을 해낸 것이 그에게는 매우 통쾌한 일이다.

몸 값도 크게 올랐고 팀내 입지도 유리해 졌지만, 추신수에게는 큰 걸림돌이 앞을 막고 있다. 병역문제이다. 체육계 대표선수와 예술인들에 대한 병역면제 제도가 있다. 그는 2006년 도하 아시안 게임 때에는 대표선수로 선발되지 못했다. 당시에 선수선발 과정에 관하여 팬들 간에 논란이 있었다. 금년 3월 제 2회 세계 야구 선수권 대회(WBC)에 참가해서 한국 팀이 준우승하는데 기여했지만 병역 감면 혜택을 받지 못했다. 2010년의 광저우 아시안 게임이 개최될 예정이다. 이 대회에서 한국 팀이 우승하리라는 보장은 없다.

다른 해결방안은 구단의 주선으로 영주권을 받는 방법이 있다. 하지만 이 방법은 새로운 문제를 낳는다. 국내에서 뛰는 많은 체육선수들이 병역면제 혜택을 받고 있는데도 불구하고, 국외에서 활약하는 세계적인 유명선수가 병역감면 혜택을 받지 못하는 것이 무슨 이유 때문인지 의문이 생긴다. 대상자 선정 제도나 규정에 문제가 있는 것인지, 또는 선발과정에 문제가 있는지 궁금증이 난다. 야구협회를 비롯한 관계기관은 이 문제를 합리적으로 잘 해결할 것으로 기대한다. 금후 계속 좋은 기량을 보여서 한국인의 가슴에 즐거움을 끊임없이 선사하기를 바란다.

미국 메이저리그 MVP에 도전하라

추신수 선수가 묵은 숙제를 시원하게 풀었다. 2010 광저우 아시안 게임 야구에서 금메달을 목에 걸면서, 미국 메이저 리그의 클리브랜드에 소속된 추신수 선수는 1년짜리 계약 선수라는 굴레에서 벗어날 수 있는 날개를 달게 되었다. 미국 메이저 리그 성공 신화의 주인공이 될 자격증을 손에 쥔 셈이다.

추신수 선수는 미국 메이저 리그에서 정상급 선수로 성장했다. 잘 치고, 잘 뛰고, 잘 던지면서, 20·20 클럽에 2년 연속 가입하는 영예를 얻었다. 한 해 경기 시즌에 홈런 20개와 도루 20개를 달성하는 선수에게만 허용되는 것이 20·20 클럽이다. 일본 출신 이치로 선수도 가입하지 못한 20·20 클럽에, 추신수 선수는 작년과 금년, 2년 연속 가입하는 쾌거를 이루었다. 스즈키 이치로가 누구인가? 이치로 선수는 10년 연속 200안타라는 위업을 달성하여 메이저리그 보물로 알려진 선수가 아닌가? 이치로 선수는 홈런이 모자라 20·20 클럽에 들지 못했다.

이처럼 좋은 성적을 내고서도 추신수 선수는 가슴에 먹구름 응어리가 있었다. 병역문제다. 만약 군에 입대하게 되면 최소한 2년간의 선수생활 공백이 생기게 된다. 미국에서 여러 가지 질문을 받는 가운데, 병역에 관한 질문을 가장 많이 받았고, 답변이 궁색했다고 한다. 한국에서 병역 복무로 2년간 비운 후 메이저 리그로 돌아온다해도, 현재와 같은 활동을 할 수 있다는 보장이 없음은 명백하다. 추신수의 빈 자리를 메울 만한 카드가 소속팀 클리브랜드에는 없는 실정이다. 광저우 아시안 게임에서 한국 야구 팀이 우승했다는 뉴스를 듣고 클리브랜드 팀 단장과 감독이 기쁨을 감추지 못한 체 축하 인사를 전했다고 한다.

광저우 아시안 게임 야구 경기에서 첫날 타이완과의 대결에서 추신수 선수는 2타석 연속 투런 홈런을 날려, 간단히 제압하는 데 주역을 해냈다. 준결승에서 중국 팀을 상대로 홈런을 터뜨렸다. 일본을 이기고 올라온 타이완 팀을 결승에서 만나 득점포를 날려, 한국 팀 우승의 견인차 노릇을 해냈다. 대회 성적은 14타수 8안타 타율 0.571, 10타점, 홈런 3개를 기록했다.

아시안 게임 우승으로 병역문제가 해결되는 순간, 추신수 선수의 몸값이 수직 상승하는 신호가 울렸다. 11월 24일 발표된 아메리칸 리그의 최우수 선수(MVP) 선정 투표에서 추신수는 14위에 올랐다. 스즈키 이치로(시애틀)와 최고 연봉을 받는 알렉스 로드리게스(뉴욕 양키즈)와 같은 메이저 리그 강타자들보다 더 많은 표를 받았다. 한국인 선수로서 처음으로 메이저 리그 MVP 후보에 오르는 영광을 안았다.

추신수 선수의 금후 시즌 연봉이 관심의 대상이다. 올 시즌 연봉 약 46만 달러에서 수직상승하여 600만 달러 대를 예상하는 정도다. 자유계약선수(FA)가 될 2013년에는 1,000만 달러 이상에 달할 것이 확실한 전망이다. 연봉계약은 에이전트인 보라스 씨에게 일임하고, 그는 운동장에서 열심히 하겠다는 뜻을 밝힌 바 있다. 항상 올해보다 더 좋은 성적을 기약한다는 포부를 말한다. 이제 추신수 선수의 다음 과제는 미국 메이저리그의 MVP에 등극하는 일이다. 한국인의 우수성을 세계인에게 알리고, 한국 사람의 가슴에 자긍심을 심어 주었으면 한다. 미주지역 교민들의 사기를 드높이고, 한국 청년들에게 '하면된다'는 자신감을 갖게 해 주었으면 하는 바람이 있다.

팬들은 작년 준우승에 그쳤던 WBC 세계선수권대회에서 우승을 목표로 하고, 추신수 선수의 활약을 기대하고 있다. 2013년에는 한국 팀의 타선에 중량감이 더해질 것이 예상되기 때문이다. 추신수 선수 이외에 일본 지바 롯데의 김태균, 롯데 이대호 선수 등이 승승장구 할 것으로 기대되는 점이 관심의 초점이다.

 선수들이 국제 경기에서 부상 당하는 경우, 이에 대한 보상 장치가 불완전한 점이 문제점으로 부각된다. 경기중 부상 선수에 대한 보상제도가 합리적으로 보완된다면 대표단 선수들이 안심하고 경기에 임할 수 있을 것이라는 것이 중론이다. 프로야구협회와 관계기관의 관심과 배려가 기대된다.

매화

매화는 춥게 살아도 향기를 팔지 않는다.

그러나 사람은 환경에 따라 일희일비—喜—悲한다.

매국노 이완용李完用은 이조 말에 나라가 위기에 처했을 때, 나라를 일본에 팔았다.

반대로 김구金九 선생은 나라의 독립을 위해 한 번도 그의 뜻을 굽히지 않았다. 이육사는 시련에서도 절대로 굽히지 않는 저항 정신을 노래하면서 맞섰다.

> 광야에 눈이 내리고, 매화 향기 가득하니
> 내 여기 가난한 노래의 씨를 뿌려라

그에게 매화는 차가운 눈 속에서도 홀로 향기를 잃지 않는 매서운 지조의 상징이었다.

梅一生不賣香 매일생불매향

매화는 일생을 춥게 살아도 향기를 팔지 않는다.

매화는 옛날부터 지조志操를 상징하는 꽃으로 알려졌다. 추운 겨울에도 아랑곳하지 않고 그윽한 향기를 낸다. 시경에서도 '매화는 추운 고통을 겪어도 맑은 향기를 발한다'고 했다.

Ⅳ
꿈과 도전과 실천

해양오염과 대책

1. 머리말

해양은 지구 표면적의 약 71%를 차지한다. 해양은 환경오염에 매우 취약하다. 인간활동의 결과 발생하는 생활오수와 산업 및 농업폐수는 강을 거쳐서 바다로 유입한다. 한국의 하천은 길이가 짧아 강물이 흐르는 과정에서 정화되기 전에 바다로 흘러들어가게 된다. 1960년대 경제발전이 시작된 이후 많은 산업폐수가 바다로 유입되었다. 산업체 근무자가 급증하여, 인구가 불어나니, 생활 잡배수도 늘어나서 강물을 통해 바다로 유입된다. 공장과 사람이 배출하는 배수중에는 질소와 인이 대량 함유되어 있다. 산업폐수에는 여러 가지 해양오염원인 물질이 혼합되어 있다.

세계적인 경제발전에 따라 석유수송량이 급증하여 세계 해양에 유조선과 유류탱크에 기인하는 유류오염이 번번히 발생하였다. 여러 종류의 인공화학물질, 특히 유기 염소계 화합물(PCB, DDT, 다이옥신)에 의한 오염이 심각하게 되었다.

미국 Ohio주의 Chemical Abstract Service(CAS)에는 세계의 화학물질에 관한 논문이 산더미처럼 쌓여있다. 새로운 화학물질로 등록되는 것이 매주 800내지 1만 건에 달한다. 1907년 이후 누계는 100만종이 넘는다고 한다. 인류는 1세기 동안에 이처럼 방대한 양의 화학물질을 만들었다. 이중에는 유해물질이 다수 포함되어 있다. 이들은 해양에 유입하게 되면 대부분이 오염원(汚染源)이 될 수 있다.

2. 북해의 참극

북해(North Sea)의 동부, 스웨덴과 덴마크로 둘러 쌓인 가테가트 해협은 어족의 보고로 알려진 곳이다. 1988년 4월 원인불명의 바다표범(common seal)의 사체가 해수표면에 부상하기 시작하였다. 네덜란드 국립 해양연구소가 집계한 결과 1988년 4월에서 1989년 2월 사이에 북해 전역에서 바다표범 사체는 모두 17,000 마리를 넘었다. 독일 Kiel 대학 수의학부에는 약 5천두의 바다표범 사체가 실려 왔다. 해부검사결과 대부분은 간장을 포함, 내장이 손상되어 있었다. 왓사만 교수의 분석에 의하면 체내에서 수은, 아연, 카드뮴, PCB 등 유해물질 약 150 종이 발견되었다.

한편, 살아남은 바다표범에 대한 보호활동이 유럽 각국에서 이어졌다. 네덜란드 피터 뷰렌에 있는 바다표범 병원 야외에는 살아난 바다표범을 사육하는 풀장과 적외선 치료 시설이 있어서 매우 청결한 환경에서 철저한 간호를 하였지만, 결국 살아 남은 것은 10~20%에 불과했다.

네덜란드 빌트호헨에 있는 네덜란드 환경성 위생연구소 오스 하우스 박사는 바이러스 전문가이다. 그는 1984년 채집한 바다표범 혈청血淸은 깨끗한 색을 보이는데, 1988년 채집한 혈청은 패혈증敗血症으로 적혈구가 파괴되어, 검은 빛을 보이는 사실을 공개했다. 그는 바다표범 대량폐사의 원인이 개의 지스텐파 바이러스와 매우 유사함을 밝혔다. 그러나 그는 왜 이처럼 광범한 바다표범이 이 바이러스에 감염되어 대량 폐사를 일으켰는지는 불분명하다고 언급했다. 결국 오염이 바다표범의 면역력을 약화시킨 가능성이 있다고 결론지었다.

동 연구소 피터 라인더 박사의 연구에 의하면 한조에 12마리씩 2개조로 나누어, A조에는 대서양의 어류를 먹이고, B조에는 북해의 어류를 먹여 사육하였다. 2년간 사육 실험한 결과, 대서양 어류로 사육한 A조는 10마리 새끼를 낳은데 비해, 북해어류를 사육한 B조는 새끼 4마리를 낳았다. 또 체중도 가벼웠다.

서부 태평양의 포유동물 지방조직 중에서 많은 양의 PCB가 검출 되었다(효川, 1989). 새치류는 800ppm 이상, 돌고래는 160ppm 이었다.

세계 최초의 지구규모 해양오염은 핵폭발 실험에 의한 방사능 물질로서, 그 상징이 1954년 일본의 후큐류마루 사건이다. 당시 '죽음의 재'라고 하여 큰 사회적 문제가 되었다.

표 1. 해양동물의 대량 폐사

발생연도	장소	종류	사망수
1918	아이슬란드	제니카 바다표범	1,000
1955	남극해	바다표범	3,000
1978	베링해	제니카 바다표범	1,200
1979~1981	미국 뉴잉글랜드	제니카 바다표범	500
1987~1988	시베리아 바이칼호	바이칼 바다표범	8,000
1987~1988	미국 동해안	돌고래	2,500
1988	북해·발틱해	제니카 바다표범	18,000
1989~1990	흑해	쥐돌고래	400
1990	멕시코만	돌고래	300
1990	스페인, 지중해	줄무늬 돌고래	7,000
1997	카스피해	카스피 바다표범	>1,000

Simmonds의 data 일부 수정(면역력 저하 추정)

3. 부영양화富營養化

고도 경제성장 시대에 연안해역은 매립공사가 진행되고, 공장이 들어섰다. 대량의 공장 폐수가 바다로 흘러들어간다. 공장에서 생산량이 늘어나면, 늘어난 만큼 공장폐수도 증가한다. 공장 종업원은 급증한다. 인간의 생활에서 발생하는 생활잡배수가 함께 증가하여 연안해역으로 흘러간다. 공장폐수와 생활잡배수에는 질소(N)와 인(P)이 대량 포함되어 있다.

해수 중에는 해수에 부유浮游하는 미세한 동물과 식물이 존재한다. 이들을 부유생물(plankton)이라 한다. 이 중에서 식물성 플랑크톤(phyto-plankton)은 질소와 인이 필수 성분이다.

요시다(吉田, 1973)는 수역을 영양도에 따라 빈영양역貧營養域, 부영양역富營養域, 과영양역過營養域으로 나누었다.

연안 해역에 인위적 부영양화 물질(N, P 등)이 과다하게 존재할 경우, 부영양화 수역이 형성되고, 식물 plankton이 과다하게 발생하여, 적조赤潮를 발생하게 되고, 수중 산소를 과다하게 소비하여 하층에서 빈산소수貧酸素水(oxygen deficient water)를 형성할 수 있다. 그리고 유화수소를 함유하는 저층수低層水가 표층으로 상승할 경우 청조靑潮를 일으킬 수 있다. 한국 연안해역의 용존유기질소(DIN)와 용존 유기인(DIP)을 조사한 결과(박주석, 1995) 완도를 제외한 10여개 해역에서 모두 환경 기준을 크게 초과하고 있는 실정이다.

표 2. 연안 해역 유기오염 기준치 초과 상황(朴, 1995)

해역	시료수	용존유기질소(DIN)	용존유기인(DIP)
인천	40	100	100
금강하류	8	100	100
목포	23	33	10
완도	14	0	0
가막만	7	78	100
여자만	8	100	100
광양만	9	100	100
한산도	12	100	40
마산만	7	100	100
행암만	6	100	100
진동만	12	100	100
영일만	20	100	81
기준치	-	0.1 mg/L	0.015 mg/L

총 시료수에 대한 기준치 초과율(1993년 관측자료)

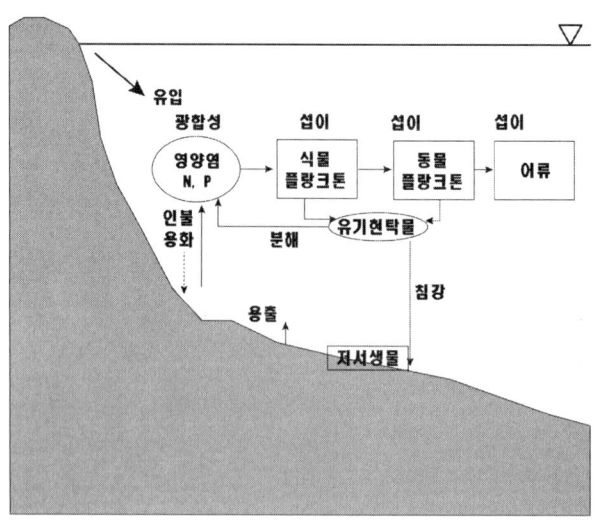

그림 1. 연안해역의 영양염의 물질순환

4. 적조(赤潮, Red tide)

적조란 수중의 미소생물, 즉 동식물 플랑크톤(plankton)의 대량증식과 집적한 결과로 발생하는 해수의 색깔을 변화시키는 현상을 말한다. 식물 플랑크톤은 해양의 생물 생산의 시작이라 할 수 있다. 해수 중에 있는 질소와 인, 규산 같은 영양염류와 비타민 등 미량 영양소를 이용하여 증식한다.

종에 따라서는 부영양화된 해역에서 대량으로 증식하여 적조를 형성한다. 이 때 바다의 색이 붉은색으로 변해 보이기 때문에 적조라는 이름이 생긴 것이다. 이 중에는 다른 생물에 악영향을 주는 종류가 있다. 이런 현상을 국제적으로는 HAB(Harmful algal bloom)이라고 한다. HAB는 Hallegraeff(1993)에 의해 4종류형으로 구분되었다(표 3).

표 3. HAB 구분분류

① 대량증식적조(大量增殖赤潮)
② 유독(有毒) plume
③ 유해적조(有害赤潮)
④ 규조적조(硅藻赤潮)

적조에 관한 역사적 문헌을 살펴보면, 삼국사기 권 제 5호에는 적조에 관한 최초의 기록이 있다. 639년 8월(신라 선덕여왕 8년 음력 7월)

東海水赤且熱魚斃死 : 동해수가 붉고 어족이 폐사하였다.

이조 실록에는 경상도 고성현에 바닷물이 붉은 피와 같다. 경상도 해수가 울주에서 동래까지 피같이 붉었는데 수족이 모두 죽었음. 경상도 기장 임을포에서 가을포까지 물이 황, 흙, 적색으로 변하고 농도가 죽과 같고 복어와 잡어가 모두 죽어서 물위로 떠오름.

우리나라의 적조현상에 대한 과학적인 첫 연구기록은 1961년 10월 진해만 내에서 발생한 것이다. 적조는 내만에서 국부적으로 발생하여 1주일 지속하다가 소멸되곤 했다.

1981년에 부산에서 진해만을 거쳐 통영연안을 잇는 광범한 해역에 편모조鞭毛藻 적조가 발생하여 양식 굴, 홍합 및 피조개를 폐사시켜 17억원의 피해를 발생시켰다. 1982년부터 진해만에서는 상습적으로 발생하는 만성적조로 바뀌었고, 종전에 진해만 주변 해역에서만 집중 발생했던 현상이 울산만과 인천연안에서 크게 발생하였고, 1983년에는 온산만에서, 84년은 진무만, 85년 광양만과 가막만, 91년 감포, 95년 삼척연안에서 발생하여, 전국연안으로 확대되었다(박주석, 1995).

최근 국내의 적조의 특징은 광역화(wide spread), 상습화(frequent), 고밀도화(high density), 장기화(persistent) 그리고 유독화와 신종(harmful and novel species)로 요약된다(국립수산과학원 김학균, 2011).

적조에 의한 수산업 피해는 일본이 가장 많아, 1972년에 71억엔

(약 800억원), 1984년에는 46억엔(약 500억원), 1995년에 10억엔(약 110억원)이다. 다음이 한국으로 1995년에 764억원, 1992년 94억원, 1993년 84억원, 2001년 84억원, 2002년에 48억원이다. 미국도 1987~1992년 매년 평균 5천만 달러의 피해가 있었으나, 그후 대폭 줄었다. 중국도 1988년에 5억 위안의 피해기록이 있다.

5. 빈산소수

해양에서 물질순환에 큰 역할을 하는 것이 박테리아이다. 저서생물의 먹이가 되지 못한 유기물은 박테리아가 분해한다. 분해된 것은 다시 영양염(질소, 인)으로 해수중에 용출된다. 박테리아가 유기물로 분해하는데 산소를 사용한다.

많은 양의 유기물이 해저에서 침전하면, 저층底層에는 이를 분해하기 위해서 많은 양의 산소가 필요하다. 여름 성층기成層基에는 표층으로부터 용존산소 보급이 충분하지 못하기 때문에 산소가 적거나(빈산소, 貧酸素) 또는 무산소無酸素 상태가 초래된다.

진해만처럼 영양염이 풍부한 폐쇄된 해역에는 침강물질이 분해에 대량의 산소가 소비되어 빈산소수괴가 발생한다. 해저에 사는 저서생물이나 저층을 회유洄遊하는 어족은 괴멸적 타격을 받는다. 수중의 용존산소 농도가 2.5 mL/L 이하가 되면 정상적인 저서동물의 서식을 위협함으로 통상 2.5 mL/L 이하를 빈산소(oxygen deficient)라고 한다.

0.025 mL/L 이하를 무산소수(anoxic water)라 한다.

6. 해양 유류오염

• 유조선의 해난사고 ; 좌초 충돌, 화재 등

Torrey의 Cannyon호가 1967년 3월 영국 Seven Stones의 Polard 암초에 좌초, 원유 11만 7천톤이 유출, 영국 남해안은 물론 프랑스의 부르따뉴 지방 연안을 심하게 오염시켰다. Exxon Valdez 사고. 1982년 미국 Alaska 남부 Valdez항을 출발하여 서진하다가 암초에 좌초하여 적재 원유가 대량 유출되고, 해양생태계 파괴와 생물 폐사 및 자연경관이 훼손되는 등 큰 피해가 발생하였다.

• 석유탱크파손

1974년 12월 미즈시마 제유소 오일탱크가 파손되어 C중유 7,500 ~ 9,500 kℓ 유출됨.

• 해저유전 화재

1970년 12월 1일 미국 Louisiana 주 남부 연안해 Mexico만 Shell 석유 생산 platform에서 대화재가 발생, 4개월 이상 계속 후 1971

년 4월 16일 진화됨.

많은 인명의 사상자가 발생함. 1일 생산량 17,500배럴, 해안에서 10 mile 거리에 위치하며, 22개 갱坑의 채유정이 존재한다. 1개의 유정油井에서 갑자기 원유가 분출하여 불꽃이 솟았고, 차례로 다른 유정으로 옮겨 갔다. 기름 누출을 저지하기 위해 platform 주위에 5개 구원정을 파서, 대량의 중내수를 유층내에 주입하여 수습할 수 있었다.

7. 대책

· 공한 선진국 사례도입(호주, 일본, 미국)
· 균, 살조 바이러스 개발연구 강화
· 염물질(N, P 등) 해양투입 억제

◎ 호주 Port Phillip Bay 사례 참고
· 정부 수산부에 환경연구 장기종합계획 수립
· 빅토리아주는 환경청을 신설하여 환경오염감시 및 조사 및 규제강화
· 도시폐수 종말처리장 5개소 설치, 배수관설치 만외로 폐수유출
· 만을 9개 구역으로 구획하고, 주정부 해양연구소에서 매월 정기적 오염감시

◎ 세또 내해 사례 참고
- 관련 11개 현지시가 환경보전목적으로 내해 환경보전 특별조치법을 제정하여 인의 삭감 정책과 COD 부하 억제책을 강력히 시행함.
- 적조 감시를 남서해구 수산연구소와 각도 수산시험장에서 조직적으로 실시

◎ 진해만(박주석, 1988, 1995)
- 1981년 해양오염 방지법을 개정하여 진해만을 연안오염특별관리해역으로 지정하였다. 그러나 오염감시관리와 오염정도의 평가는 미흡한 실정이다. 배출수 규제 법령은 있으나, 농도에 대한 개별 규제로는 한계가 있어, 총량 규제제를 도입해야 할 것이다(인과 COD 삭감이 필요함).
- 과다한 양식시설의 자가 배출물 오염방지조치도 필요함
- 과밀양식시설의 배설물이 퇴적된 해저오니海底汚泥의 경운작업을 실시
- 과다양식시설의 구조조정으로 적정량 시설 유도

◎ 마을바다 체재도입
  '마을바다'는 인위적 작용을 하여 생물생산과 생물다양성을 높이는 전 해역을 말한다. 2008년 10월 중국 상하이에서 개최된 제 8회 EMECS(Environment Management of Enclosed-Coastal Sea : 폐쇄성 해역 환

경관리)에서 'Sato-umi' 분과회의가 열렸다. 여기서 각국의 연안 해역 환경관리와 Sato-umi 개념에 관한 보고가 있었다. 종합토론에서는 '상하이 선언'을 채택했다.

◎ 논의 요지

연안해역의 수산자원을 지속 가능한 방법으로 이용하려면, 과학적 지식만으로는 충분하지 못하다. 지역의 역사, 문화, 종교 등을 고려하고 수산물 유통의 global화에 대한 대책을 포함한 'Sato-umi' 개념을 구축해가지 않으면, 세계에 대하여 유용하게 되지 못할 것이다.

◎ 상하이 선언

지금 세계는 '지구규모의 경제위기' 상태에 놓였다. 연안해역 환경을 보전하는 것은 실체 경제의 가치 증대를 초래하는 것으로, 연안해역 환경보전을 위해서 'Sato-umi'라는 새로운 개념을 바탕으로 인간활동과 생태계가 조화되는 집수역과 연안해역의 일체화된 환경관리방법을 지향해야 할 것이다.

※ '마을바다체제 도입' : 연안해역의 환경을 보전하기 위하여 수시로 임기응변적인 대책으로는 미흡하다. 장기적인 안목에서 정부와 자치단체가 '마을바다' 체제의 도입을 제의한다. 후손들에게 청정한 바다를 돌려주기 위해서이다.

산악인 엄홍길의 용기와 도전정신

'암벽 등반하는 모습이 신기하고 좋았어요'

엄홍길 대장은 도봉산 집근처 암벽을 찾아 온 등반가들과 자연스럽게 친해졌다. 힘들지만 하던 산길이 중학교 2학년 때부터 정겹고 친숙해졌다. 등산 장비 사용법도 이 시기에 배우게 되었다고 말했다.

그는 경남 고성에서 태어났지만, 어린시절 부모님을 따라 도봉산 산골짜기로 이사했다. 자동차 도로에서 약 20분 걸어야만 도달하는 거리다. 등교 하교 하는 길이 그냥 등산길이었다. 그의 암벽 타는 실력은 남들보다 빨리 진전을 보였다. 그 이후 엄홍길 소년은 지리산, 설악산, 한라산 능선 위를 달리기 시작했다.

국내의 천 미터급 산에 오르는 것으로는 그의 등산 욕구를 충족할 수가 없었다. 고등학교 졸업할 무렵에는 자신감이 차올라, 어디든 도전하고 싶은 욕망이 부풀어 올랐다고 한다.

병역 문제와 관련하여, 그는 산 다음 바다에 도전하겠다는 생각으로 해군에 지원 입대했다. 해군 특수부대인 수중타격대(UDT : Underwater Demolition Team)에 지원했다. 이 부대 훈련은 해군에서 가장 혹독한 것으로 정평이 있다. 보호 장비 없이 맨몸으로 바다에서 3.6킬로미터 수영을 해야 한다. 오리발 수영은 7.2킬로미터를 한다. 철봉 턱걸이 40회 이상, 구보는 40킬로미터 이상이 기본이다. 3개월 훈련은 일반병의 상상을 능가한다. 훈련보다도 지옥주가 하이라이트이다. 1주일간 잠을 한숨도 못자고, 고무보트 조정 훈련, 갯벌 훈련, 구보를 하게 된다. 인간의 능력한계를 체험한다.

엄홍길 산악인은 말한다. '더 큰 산에 도전하기 위해 이겨내야 한다는 각오로 지옥 훈련을 버텼습니다.' 군에서 전역했을 때, 그는 땅도 바다도 두려울 것이 없었다.

포기하지 않는다

1984년 군생활을 마친 후, 엄홍길은 지상에서 가장 높고 험한 히말라야를 바라보기 시작했다. 1985년 세계 최고봉 히말라야 에베레스트(8850미터)에 첫 발을 내디뎠다. 당시 단체 후원은 고사하고, 해외여행조차 뜻대로 다니기 어려운 실정이었다. 해외여행과 등산 소요 예산이 부족하여 출발이 어려웠다. 등산 장비가 부족하고, 소유하고 있는 것도 낡은 것이었다.

네팔 현지 등산 장비 매점에서 외국인들이 팔고 간 중고 장비를 매입했다. 등반에 반드시 필요한 셰르파는 최소로 한정할 수밖에 없었다. 추운 겨울에 고산을 오르는 일은, 다운재킷을 입고 차 한잔 하려고 하면, 곧 살얼음이 되어버리는 심산 중 자연 환경에 도전하는 것이었다. 모험을 지나 공포라 하는 것이 바른 표현이다. 그의 에베레스트 첫 도전은 실패로 끝났다.

다음해 1986년, 준비를 철저히 하고, 두 번째 도전에 나섰다. 그런데 등반 도중 고도 7천 미터 절벽에서 셰르파 술딤 도르지가 추락사고로 세상을 떠났다. 엄대장의 요청으로, 산소통과 식량을 가지고 올라오던 중 사고를 당했다. 엄대장 일행은 부득이 등반을 포기하고 하산할 수밖에 없는 처지가 되었다. 술딤 도르지는 당시 스무살이었고, 열여섯 살의 어린 신부와 결혼한 지 겨우 4개월째였다. 엄대장은 그런 상태의 그를 죽음으로 몰아넣었다는 죄책감에 시달렸다. '사고 당시 충격은 표현하기 어렵습니다. 모든 것을 포기하려 했습니다. 하지만 산이 나를 놓아 주지 않았습니다.'

엄홍길 대장은 1988년 그의 세 번째 도전의 힘찬 발걸음을 내디뎠다. 천신만고 끝에 그는 마침내 에베레스트 정상에 올랐다. 그 후에도 그의 히말라야 8천 미터급 16 좌 완등이라는 기록을 수립하는 데 성공했다.

고산의 환경은 참혹하다. 고산지대는 산소가 희박해 혈액순환이 잘 되지 않는다. 고도가 높아지면 기온이 낮아진다. 신체의 돌출부분인 손가락·발가락 끝과 코끝, 귀끝이 동상에 걸리기 쉽다. 이 부분에 먼저 마비 증상이 나타나고, 감각이 둔화되고, 마침내 물집이 생기게 된다. 폭설이 쌓여 지형 판단이 불가능하게 된다. 현지인 셰르파도 추락하는 일이 있다.

'저 자신 히말라야 시샤팡마(8027미터), 낭가 파르바트(8125미터)를 다녀온 후에는 동상에 걸린 발가락 일부를 잘라 내었지요.'
엄대장의 에베레스트 등정의 일화도 들려준다. 안나푸르나 등반은 목숨을 건 승부였다. 1998년 5월 네 번째 도전했을 때, 7600미터 지점에서 셰르파 다와따망이 추락했다. 엄대장이 그를 살리려고 그의 몸에 묶여 있던 줄을 잡아당겼다. 그 줄이 엄대장의 발목을 감아 20여 미터를 함께 떨어져 눈 속에 처박혔다. 정신을 차리니 엄대장 오른쪽 발목이 180 도 돌아가 있었다. 그는 골절된 다리로, 다른 한쪽 발에 의지하며, 4500 미터 선까지 2박 3일 만에 내려와서 구조헬리콥터로 후송되었다.

당시 그는 너무 힘들어서 차라리 죽는게 났겠다 생각했다고 한다. 그래도 그는 포기하지 않았다. 1999년 봄 결국 다섯 번째로 언너푸르나에 도전하여, 성공했다. 엄대장의 말 '만약 힘들 때 포기하고 주저앉았다면, 오늘날 엄홍길은 없습니다. 수많은 시련과 고통 위기가 나를 강하게 만들었습니다. 실패, 고통, 눈물을 경험하며 강해지지 않았다면, 이미 나는 눈 속에서 냉동인간이 되었을 것입니다.'

독불장군에게 산은 길을 열지 않는다

"산은 혼자 오르는 것이 아니라, '우리'가 함께 오르는 것입니다." 엄대장은 '우리'를 강조했다.

'8천 미터 되는 산 원정을 가려면, 혼자만 잘해서는 절대로 안되지요. 독불장군은 있을 수 없어요. 등산은 치밀한 준비와 팀워크가 매우 중요합니다.' '헬기를 타고 4천~5천 미터 지점의 베이스 캠프로 이동하여 시작하면 원정이 수월하다고 생각할 수 있을것입니다. 그러나 낮은 지대에서 해발 4천~5천 미터 고지대로 바로 이동하면, 산소가 희박해져, 고산병高山病에 걸릴 수 있어요. 저지대에서 천천히 올라가야 해요. 각종 등산 장비와 식량도 준비해야 하며, 짐을 옮겨주는 포터와 길안내 하는 셰르파가 있어야 합니다. 음식을 담당하는 주방장 팀도 필요하고, 먹을 식량과 장비 무게만 3~5톤이고, 준비 기간이 최소 1년이며, 예산은 수억 원 소요되는 엄청난 프로젝트입니다. 따라서 등반대장으로서 작은 실수도 허용되지 않아요. 작은 실수가 사고로 이어지고, 등반이 실패하는 경우도 있지요. 가장 큰 문제는 생명이 위협받는 일이지요.' 결론으로 그는 강조했다. '이기주의나 무사안일주의가 만연한 조직은 결코 좋은 성과를 낼 수 없습니다.'

준비를 철저하게 해도 실패하는 경우가 많다. 항상 예상하지 못한 곳에서 문제가 발생한다. 상정외想定外라는 것이다. 일본 후쿠시마 원전의 멜트다운(melt down) 이라는 사고도 상정외라고 했다. 체르노빌 원전 사고나 미국 스리 마일즈 원전 사고 발생도 상정외라고 한다.

높은 산 속 현장에서는 사고가 발생하면, 이를 걷잡을 수 없다. 그러나 엄대장은 위급한 순간마다 목표와 꿈을 이루기 위해 살아 돌아가야 한다고 마음 속으로 다짐했다.

"목숨을 걸어야 합니다. 내가 죽든, 동료가 죽든, 죽을 수도 있어요. 내 실수 때문에, 나만 피해 보는게 아니라 전체가 불행해집니다. 팀일때는, 우리는 할 수 있다는 신념과 의지를 가지고 도전해야 합니다. 기업이나 단체조직은 더할 것입니다. '우리'라는 생각을 가지고 한 몸처럼 움직이지 않으면 살아남고 승리하기 힘들 것입니다."

사람은 실패하면 의기소침해지고, 자포자기 상태에 빠지는 경우가 많이 있다. 의욕은 사라지고, 남의 탓을 하거나 자책한다.

'자책하는 사람은 절대 앞으로 나아갈 수 없습니다. 실패 안 해본 사람이 어디 있습니까? 실패를 받아들이고 자신을 믿고, 다시 도전해야 합니다. 그게 목표를 향한 지름길입니다. 나도 포기하고 싶은 순간이 많았습니다. 감당하기 어려울 정도로 두렵고 고통스러운 순간, 포기하고 싶은 생각이 듭니다. 등반 중 잃어버린 동료를 생각하면, 때로는 살아 있다는 것 자체로 죄책감을 느껴지기도 합니다. 하지만 내가 멈추면 동료들이 더 슬퍼할 것이라 믿고, 지금까지 계속 전진했습니다. 덕분에 히말라야 16좌 완등기록을 낼 수 있었습니다.' 그러나 엄대장은 이우어야겠다는 의욕이 지나쳐 욕심이 되는 것은 경계했다. 불가능한 상황에 처하면 포기할 줄 아는 경험이 필요함을 강조했다. 산을 오르다 보면 그 동안 들였던 시간과 노력, 비용이 아까울 때가 많다. 행정학·경영학에서 말하는 '기회비용'이다. 상황이 좋지 않아 무조건 하산해야 함에도, '올라가야 하지 않을까' 라는 생각이 수없이 들었다고 한다. 그러나 상황이 좋지 않은데도 무리하게 등반하다보면, 나뿐 아니라 주변 사람들의 목숨까지 위험할 수 있기 때문에, 정상을 바로 앞에 두고 몇 차례나 포기했다고 말했다.

기업이나 행정기관, 단체도 마찬가지다. 단단한 팀웍과 정신력으로 무장했다하더라도 상황이나 타이밍이 맞지 않아서 성공하기 어려운 일도 있다. 오직 목표달성이라는 욕심 때문에 일을 무리하게 추진하다가는 그동안 쌓은 팀워크와 성과가 한순간에 무너질 수도 있다. 때로는 다음을 기약할 줄 알아야 한다. 이것이 리더에게 필요한 결단력이다.

내가 빛나는 이유는 주변에 있는 사람 때문이다.

'나는 살아 있는 사람이 아니에요. 죽을 사람이 살아있는 것이지요.' 엄홍길 대장은 자기자신을 죽은 사람이라고 했다. 지금까지 산에서 잃은 동료가 10명이다.

특히 산악 인생 절반을 함께 하며 동생처럼 사랑했던 셰르파 다와 따망을 잃은 것은 마음에 '무거운 짐'으로 남아 있다고 한다. 그는 등반도중 숨을 거두었다. 목숨을 걸고 자기자 신을 믿고 따라준 원정 대원, 셰르파, 포터 등 등산 가족이 없었다면 '16좌 완등' 이라는 신화는 결코 쓸 수 없었다고 말했다. 위대한 업적을 이룬 사람들, 행정가, 기업가 등 많은 리더도 곁에서 빛을 내 주는 사람이 없다면, 결코 스스로 빛날 수 없다고 말했다.

'이제는 베풀고 나누면서 살기위해, 엄홍길 휴먼재단을 만들었습니다. 히말라야 어린이들에게 꿈과 희망을 주고 싶습니다.'

대항해시대 - 콜럼버스의 야망

15세기 말에는 인간이 경험하지 못한 '대항해'를 감행하는 일이 잇달아 일어났다. Diaz(1488)는 아프리카 남단의 희망봉을 발견했다. 콜럼버스(1492)는 대서양을 횡단하여 미 대륙을 발견했다.

바스코다 가마(1498)는 인도양으로 항해하여 인도 서해안으로 가서 향료무역 중심지인 인도 카레쿠도 항에 도착했다. 이들의 이룩한 대양항해의 지식과 경험은, 드디어 바스코다 감마(1519-22)가 세계 1주 항해를 성취하게 만든 기반이 되었다. 이들 대항해 성공은 당시 인류의 생각과 상식에 혁명을 일으키게 하였으며, 종전에 없었던 대규모의 사회적, 정치적 경제적 대 변동을 일으키는 계기를 마련해준 대 사건이었다.

시대적 배경

고대와 중세의 세계 무역 중심은 환인도양과 남지나해권 이었다. 당시 유럽은 변두리에 불과 했다. 이들 중심권과 유럽의 창구 역할을 한 지중해 세계를 연결시킨 역할은 이슬람 세력이었다. 이슬람 상인들은 스페인에서 중국 남부에 이르는 넓은 국제적 교역망을 구축하고 있었다.

10세기 이후 송나라에 의한 중국 경제의 성장과 13세기의 원나라에 의한 세계제국의 성립으로 촉진된 남지나해-인도양의 인적·물적 교류가 대폭 활성화 되었다. 그 결과 이 지역의 귀중한 상품인 향료·비단·도자기 등을 사기 위한 대가로서 귀금속의 수요가 크게 늘었다. 당시 세계는 영토 싸움에 동원된 용병의 급료는 금화로 지급되었기에, 유럽 국가들의 귀금속 수요는 해를 거듭 할수록 늘어났다.

도시국가 이베리아 반도로

12세기 이베리아 반도에 건국한 포르투갈은 13세기 중반까지 이슬람 세력을 국토에서 완전히 추방하는데 성공했다. 국토가 바다와 면하고 있는 신흥국을 해양국가의 선두주자로 발판을 제공한 것은 이탈리아의 도시 제노바였다. 당시 이탈리아는 통일국가 이전의 수개 도시로 이루어진 도시국가 상태였다.

1096년 제1차 십자군 전쟁이 시작되자 이들 항구 도시는 급속히 힘을 얻었고, 시칠리아 해협의 제해권制海權을 장악했다. 제노바와 함께 피자와 베네치아 등 도시가 동지중해와 대서양으로 보폭을 넓힌 사정은 보면 아래와 같다.

첫째, 서유럽시장에 접근이다. 12세기 서유럽의 모직물공업의 발달로, 서유럽국가와 교역이 늘어났다. 14세기에 이슬람 강국인 오스만 제국의 지중해 침입이 대서양으로 향하는 움직임에 박차를 가했다. 1378년 베네치아-제노바 전쟁에서 패전한 제노바는 정치적으로 속국으로 내려앉아, 그 자분과 해사 관련 기술을 이베리아 반도의 포르투갈과 스페인으로 이전하기 시작했다. 제노바의 관심은 서아프리카의 '금 무역'이었다. 종래 사하라 사막을 경유하여 금을 운반해야 하는 이슬람 상인의 개입이 필요했지만, 바다를 통해 직접 금을 수입하는 이 점을 활용할 의향이 생긴 것은 당연하다. 포르투갈의 해사에 관한 관심과 제노바 사람들의 관심이 일치했던 것이다. 양자 간의 이해가 일치하여, 15세기 까지 포르투갈은 제노바의 자본과 기술의 덕택으로 해양국이 되었고, 1914년의 포르투갈에 의한 북아프리카의 요충 '세우다 공략'으로 대항해 시대의 막을 열 수 있었다.

희망봉과 신대륙

이후에도 '대항해'는 포르투갈과 스페인 양국에 의해 계속된다. 첫째, 포르투갈에 의해 아프리카 서해안의 탐색이 발단이 되었다. 15세기 이후 서아프리카의 사회 사정에 관한 정보와 동부태평양의 항해상의 지식을 결합하여 디아즈의 희망봉 회항과 감마의 인도양 항해가 성공하였으며, 마침내 아세아의 무역 네트워크와 서유럽 시장이 연결되는 계기를 마련하게 되었다.

인도양과 대서양이 바로 연결되어 물류가 증가하여 세계의 통상은 비약적으로 확대하고, 각 지역의 시장에 활력이 넘쳐나게 한 시대를 역사에서는 '대항해 시대'라고 한다. 이 시기에는 민족 간 문화 간의 접촉과 갈등이 생기고, 자원의 개발과 약탈, 대규모 포교활동이 이루어지고, 인류사회는 격변과 큰 변화를 경험하게 되었다. 포르투갈은 인도양과 남지나해에 걸쳐 전략적 요지를 차지하여 동아프리카에서 반단해의 섬들을 포함한 광범한 제해권制海權을 확보 하게 된다.

특히 디아즈에 의한 희망봉을 발견하기 이전까지는 '인도양이 내해로서, 아프리카를 주항하는 것은 불가능하다.'는 인식을 갖고 있었다. 디아즈의 항해에서 희망봉의 발견은 이러한 인식을 바꾸는 획기적 계기가 되었다.

둘째로, 스페인에 의한 서쪽으로 향하는 항로 탐색이 '신대륙'

발견이라는 획기적인 성과를 일궈낸 일이다. 대서양을 서쪽으로 향해하는 콜럼버스의 새로운 아이디어에 대해 포르투갈 왕이 관심을 보이지 않았다. 콜럼버스는 스페인 왕에 호소하여 후원을 받았다. 콜럼버스는 Go west의 첫 번 항해에서 칼리브 해의 바하마 제도중의 산살바 돌섬에 도착하여 원주민들과 만난다. 신대륙 발견의 위업을 달성한 순간 이였던 것이다.

마젤란은 콜럼버스가 발견한 토지와 아시아 대륙 사이에 '태평양'이라는 세계 최대의 해양이 존재한다는 사실을 발견했다. 이것은 전혀 예기하지 못한 대발견 이였다. 마제란은 항해 도중에 필리핀 제도에서 생을 마감했다. 후계자 엘 카노가 1522년 세비리아에 귀착하게 되어, 세계 일주항해를 완전 끝마친다.

트랜지스터 발명

　1945년 8월 15일 제2차 세계대전이 막바지에 이르렀을 무렵, 갑자기 일본 천황의 '긴급 특별방송'이 있을 것이라는 예보가 있었다. 이웃 사람들이 라디오 앞에 하나둘씩 모여들었다. 우리 집 벽에는 할아버지께서 사주고 가신 중고 라디오 한 대가 걸려 있었다.

　　'짐은..... 일본제국 정부 책임있는 사람들에게..... 포츠담 선언을 수용하는 조치를..... 하도록.....해두었다.'

　라디오 앞에 모여 방송을 들은 사람들이 무슨 말인지 제대로 알아듣는 사람이 거의 없었다. 천황의 목소리는 떨리고 둔했다. 그러나 그보다도 라디오의 성능이 저질이라 방송음의 품질이 나쁘고

소리가 분명하지 못하며 잡음이 많아서 알아듣기가 어려웠던 것이었다.

당시 라디오 수신기는 모두 '진공관'을 사용해서 만든 것이었다.

트랜지스터의 발명

제2차 세계대전 종전 후 약 3년 만인 1948년 6월에 미국 벨 연구소(현재 AT&T)가 트랜지스터(transistor) 발명을 선포하였다. 진공관을 초월하는 증폭기를 발명한 것이다. 이 발명은 과학에서 '혁명적 사건'으로(P. Drucker), 20세기 과학기술에서 '최대의 사건'이라고 할 수 있다(H. Stommel, 키쿠치 등). 트랜지스터 발명은 컴퓨터를 비롯한 전자기술의 발전과 최근의 디지털 혁명에 가장 큰 역할을 했으며, 이에 대적할 위대한 발전을 찾기 어려울 정도이다.

트랜지스터의 발명으로 노벨상을 수상한 자는 벨 연구소의 쇼클리(W. Shockley), 바딘(J. Bardeen) 및 브래튼(W. Brattain) 세 사람이다. 그 중심인물은 W. 쇼클리이다. 이들은 인류 역사상 정보화시대를 열게 한 선두주자들이다. 이들이 정한 목표는 '미국내 어디에 있거나, 언제나, 바로 옆에 있는 것처럼 명확하게 의사전달 할 수 있는, 매우 높은 성능을 갖는 시스템을 만드는 일이었다.

이와 같은 고난도高難度 개발사업은 진공관을 대체할 증폭기를 발명하는 획기적인 일이다. 이 목표를 실현하기까지는 12년의 세월이 소요 되었다. 그동안 겪은 고난은 한편의 역사적 드라마라고 할 수 있다. 먼저 최고 수준의 재능 소유자를 모으고, 다채로운 재능을 가진 연구인력을 적재적소에 배치하는 일을 비롯하여 연구개발의 발상, 비전 제시, 포기하지 않는 집념, 미국사회의 합리적 사고와 프론티어 정신 등 한국인들이 본 받아야 할 일이다. 여기서 트랜지스터 탄생에 몸을 던진 선구자들의 역사적 드라마를 살펴보기로 한다.

진공관을 능가하는 증폭기를 만들어라

미국 벨(Bell) 연구소의 진공관 연구부장이었던 켈리(M. Kelly)는 1935년 매사추세츠 공과대학(MIT) 대학원 박사학위과정에서 학위논문을 준비중이던 W. 쇼클리를 스카웃했다.

켈리부장은 쇼클리를 자기 방으로 불러서 말했다.
'장래 미국 사회가 우리 벨 연구소에 대해서 무엇을 기대하고 있는지 아는가?' '미국 장래를 위해서 무엇을 연구하면 좋을지 생각해 본 일이 있는가?', '이 연구소에 온지 얼마돼지 않아, 아직 거기까지 생각하지 못했습니다'

켈리부장은 비전을 분명하게 제시했다.

'두 사람이 이 넓은 미국 대륙에서 어디에 있던, 언제나 마치 곁에 있는 것처럼 명백하게 의사 전달(communication) 가능한 시스템을 만드는 것이다. 그런 매우 높은 성능을 가진 시스템은 진공관으로는 만들 수 없다. 몇 년이 소요되던 나는 기다릴 것이다. 진공관과는 전혀 다른 원리로, 장래의 기대에 부응하는 증폭기를 만들기를 기대한다.'

쇼클리는 담액질膽液質로서 정동반응이 강하고 격렬하여 화를 잘 내지만, 의지와 인내력이 강한 반면에, 고집이 있는 기질의 청년이다. 그는 일단 논리가 정립되면 자기주장을 고집하는 편이다. 주관이 서면 이에 철저하게 돌진하는 타입이다.

1963년 일본 전기공학회 초청으로 도쿄에 왔을 때, 공영방송 NHK TV대담에서 그는 말했다.

'트랜지스터 발명은 잘 경영된 연구에서 우연히(by accident) 생겨난 것입니다. 1935년 미국 최고의 벨 연구소에 들어와서 12년 만인 1947년 트랜지스터를 발명하는 동안, 우여곡절과 고난이 많았고, 나의 실험은 계속 실패의 반복이었습니다. 연구팀 동료는 계속 다른 부서로 옮기고 싶다고 말하고 떠났습니다. 창피하고 자존심이 상하는 일이 계속 되었습니다. 고난과 치욕으로 가득 찬 세월이었습니다.'

과학자 바딘의 연구진 참여

'약 10년 후 1945년 J. 바딘(J. Bardeen)이 연구소에 새로 영입되었습니다. 그는 나와는 성격이 다른 청년입니다. 그는 겸손하고 온화하며, 매우 뛰어난 연구 능력을 가진 젊은이지요.'

연구부장 켈리는 바딘을 불러놓고 말했다고 한다.

'10년 전 쇼클리에게 고성능의 증폭기를 만들라고 말했다. 그러나 그것은 간단히 되는 것이 아니다. 전혀 다른 성질의 재료를 사용하려면 그 재료의 성질을 잘 이해하는 것이 중요하다. 그것은 양자역학量子力學 지식을 통해, 물질의 전자적 구조와 원자적 구조를 정확히 파악하는 일이다.'

연구부장 M. 켈리는 리더로서의 자질이 매우 뛰어났다. 그는 세계 1급 수준의 우수한 연구자들을 스카웃하여 적재적소에 배치하고 적절한 연구 과제를 분담하게 하고 동기부여動機附與를 했다. 집념이 강한 쇼클리에게 큰 방향을 제시하였다.

한편 바딘은 이론의 기초가 잘 다져진 연구자이므로, 물체 본질의 이해를 심화시키는 일을 분담시켰다. 그는 매우 교묘하고 합리적인 분업을 주도하였다.

연구부진 원인규명

1947년 어느날 쇼클리는 연구팀 멤버들을 소집했다.

'오늘은 연구내용을 이야기 하는 것이 아니다. 우리는 다각적으로 생각하고, 이번에는 잘 될 것이라고 판단하고 실험을 계속 진행해왔다. 그런데 왜 실험이 실패하는 것일까? 각자 한 사람씩 자기 의견을 기탄없이 이야기하기로 하자.'

그는 작심하고 브레인 스토밍을 주도하였다. 그 당시의 물리학, 양자역학에서 결정結晶 중의 전자의 거동을 기술하는 것은 아직 불충분한 단계에 있었는 바, 바딘은 이 사실을 알고 있었다.

그는 말했다.

'지금 우리는 증폭기 제작을 너무 서두르고 있다. 물리학, 양자역학 지식이 아직 불충분함으로 물체 결정의 표면이 어떻게 되어 있는지 아직 잘 모르고 있다. 결정표면에서 전자의 거동에 관한 연구를 더 심화시켜야 할 것을 제안한다.'

트랜지스터의 탄생

그 후 이룩한 연구 성과로부터, 바딘은 결정표면에 관하여 한 가설을 제시한다. '가설이란 어떤 현상을 논리적으로 검증하기 위해 세운 하나의 가정을 말한다. 가설에 대한 진위의 검정은 여러 방향에서 보아 바르다고 실험으로 확인해야 하는 것이다. 실험을 통해서 진실성이 조금씩 높아지는 것이다'. 이것이 1947년 <Physical Review> 잡지에 발표된 역사적인 논문이다.

이 실험을 실시한 이가 브래튼(Walter Houser Brattain)이다. 그는 미네소타 대학에서 양자역학을 전공하여 박사학위를 받은 천재과학자이다. 그는 물리학 실험의 대가로서, 바딘의 가설을 검증하기 위해, 결정의 표면에 산화막酸化膜을 붙이고, 산화막 위에 금속 전극을 연결하여 그 영향을 살피고 있었다. 그런데, 산화막이 너무 두터워서, 효과가 나지 않았다. 막을 엷게 하려는데, 자기 방식으로 불산을 묻힌 탈지면으로 산화막을 문질렀다. 검증을 하려니까 플러스 마이너스가 반대되는 결과가 나왔다.

이것은 브래튼이 착오로 실수를 한 것이다. 얇게 하려고 한 것이지만, 처음부터 산화막은 깨끗이 없어져 있었고, 그 후에 연결한 전극은 결정의 표면에 붙어 있었다. 이로써 예기 하지도 않은 증폭현상이 우연히 나타났다. '바딘의 가설'을 검증하려고 기초적인 실험을 하는 도중에 브래튼이 실험과정상의 착오로 인하여, 증폭현상을 발견할 수 있었다.

1947년 12월 23일 트랜지스터 현상을 발견했다.

트랜지스터의 선조탄생

그날 밤 쇼클리는 벨 연구소가 아니라 자기 집에서 다른 일을 하고 있었다. 트랜지스터 발견의 보고를 들은 쇼클리는 그 순간 심한 충격을 받았고, 실망감과 좌절감(frustration)에 빠졌다고 말했다. 그래서 그는 혼자서 진짜 트랜지스터를 만들려고 생각했다.

미국 최초로 탄생한 트랜지스터는 결정結晶의 표면에 침針을 세워야 하는 '1점 접촉형 트랜지스터'라는 것으로서, 현재에는 박물관이나 놓여 있는 정도의 것이다. 즉, 증폭하는 것은 알았지만 재현성再現性이 낮고, 충격에 약하여, 공업용으로는 사용될 수 없는 대물에 불과한 것이다.

쇼클리는 밤중에 일어나 침식을 잃은 체 실용성이 높은 트랜지스터 연구에 몰두하기 시작했다. 약 1개월 후에, 현재 사용되고 있는 '접합형接合型 트랜지스터'의 본질과 구조에 관한 이론의 틀을 만들고, 이를 해석하여 정답을 얻음으로써, 최초의 트랜지스터 발견 1개월 후인 1948년 1월에 논문의 골격을 완성했다. 그러나 이 시점에서 결정結晶을 실험으로 만드는 기술이 미숙하여, 결국 약 1년후 GE 반도체 그룹의 로버트 롤이 최초로, 쇼클리가 주장한 '접합형 트랜지스터'의 제작에 성공했다. 이를 실제로 검증해본 결과 쇼클리의 이론대로 결과가 나왔다.

생각하는 것이 무엇인지 생각한다

쇼클리가 말한 대로 '트랜지스터의 원조는 나다.' 그가 자존심을 확실하게 세운 것이다. 그는 저서에서 'thinking about thing improves thinking'(생각하는 것이 어떤 것인지를 생각하는 것은, 생각을 개선하는 방법이다.) 라고 했다.

집념을 가지고 포기하지 않는다

쇼클리가 말하기를 '어떤 일을 완수하고자 하는 의욕과 집념執念을 가지고 있으면, 설사 실패하더라도, 그 실패로부터 우리는 무엇인가 배울 수 있다. 무엇을 하려는 의지와 목표를 갖고 한 결과의 실패는 창조적인 것이 된다.' '나는 단번에 성취하지 못한 인간의 전형이다. 많은 실패를 했다. 다만 한번 시작하면 포기하지 않는 거다.'라고 말했다.

그는 마지막으로 아래 이야기로 대미를 장식했다. '세상에 가장 창조성으로 가득한 사람들도, 정답에 이르는 세월을 되돌아 보면, 우리는 얼마나 우둔하고. 느림보고 바보인가를 인식하지 않을 수 없다. 하지만, 만약 이 우둔함이란 것이 인간에게 피할 수 없는 것이라면, 단념하지 않고 계속하는 것 이외에는 별다른 방안이 없다.

그것을 유지하는 것은 'will to think(생각하는 의욕)이다.'

미국 사회는 이처럼 독특한 개성을 가진 과학자들이 서로 경합하면서 협력하여 새로운 역사의 전개에 꽃을 피우고 사라져 가기도 한다. 벨 연구소처럼 성과를 기대하기 어려운 새로운 영역에 거액의 예산을 투입하고, 오랜 기간을 주며, 느긋하게 기다리는 사회 시스템을 우리가 배워야 할 것이다.

인연因緣

50년 전의 일이다.

한일 국교 정상화 기념으로 1965년에 제공된 일본 정부 초청 장학금(문부성 스칼라십) 시험이 있었다. 나는 이 선발시험에 합격하게 되어 그해 10월부터 도쿄대학 대학원 이학계 연구과에서 해양학 연구원으로 도쿄 생활을 시작하였다.

요시다 주임 교수는 영문 전공 서적 3권을 주시면서 매주 한 권씩 요약문을 세미나 시간에 발표하라는 지시를 했다. 수백 페이지가 되는 전공 분야 원서를 매주 1권씩 요약문을 작성하여 교수와 대학원생들 앞에서 발표하는 것은 쉬운 일이 아니었다. 매일 새벽 3시까지 정독하고 요지서를 마련하느라 정신없는 나날의 연속이었다.

수개월이 지나니 새벽 3시에 취침하는 생활에 적응하게 되었다. 미국 가는 친구와 유럽에서 귀국하는 친구들이 하네다 공항으로 마중 나오라는 연락이 심심찮게 오곤 했다. 일본 내 대학이나 대학원에서 연구하고 싶은데, 지도교수를 물색해 달라는 요청 서신도 가끔 오기도 했다.

다음 해 1966년 나와 함께 부경대(당시 부산 수산대)에 재직하던 동기생인 최위경 선생이 도쿄대 농학부의 응용 미생물연구소에 왔다고 전화가 왔다. 혼고의 스시집에서 산토리 위스키 한 병을 비우면서 일본의 풍습과 도쿄대의 일과와 관습에 관해 안내했다.

다음 해인 1967년 최선생의 배우자인 황수로 원장(당시 수로 꽃꽂이 학원)께서 도쿄에 도착하셨다. 당시 일본에는 '오모데센께'와 '우라센께' 같은 세계적인 수준의 꽃 예술 가문의 위세가 등등했다. 일본인들도 들어가기 쉽지 않은 곳인데 외국인인 황수로 원장이 한자리를 차지한 것은 놀라운 일이었다. 최 선생 부부는 도쿄대 앞의 일본식 건물 2층 셋방에 나와 부경대 이응호 선생(도쿄 수산대 연구차 방문)을 초청해 저녁을 함께했다. 산토리 위스키 한 병을 비우고 오랜만에 한국 이야기로 자정을 넘겼다. 돌아와요 부산항에도 읊었고.

1958년 8월, 갑자기 최위경 선생이 체재경비 18만 엔을 빌려달라고 요청했다. 한국에서 생활비가 오지 않는다는 것이었다. 일본인에게 사정하여 빌려주었다. 친구에게 편의를 제공하다가, 난생 처음으로 외국인에게 빚을 지게 되었다.

큰 문제는 후에 발생했다.

내가 10월 귀국 예정이라고 말했더니, 최 선생은 대뜸, '부산에 있는 가족으로부터 전화가 왔는데, 장인이 운영하는 태창기업의 양산공장 신설용 경비 중 일부에 대한 차용 요청이 왔다' 공장 신축 경비 때문에 '부도 직전'이라고 했다. 제일은행 부산지점 임채식 대리의 모친이 계주로 있는 '낙찰계'의 곗돈 3년분 전액을 빌려달 라고 했다. 나는 자금계획이 있어서 곤란하다고 했다. '부도는 막아 야 할 것 아닌가?', '내년 12월에 시중 은행 장기대출 금리로 청산 할 것이니 기업부터 살리자'라고 간청했다.

나는 한국에 전화하여 예금된 금액을 확인하고, 10월 귀국예정 일의 항공권 좌석을 예약했다. 최 선생은 자기의 귀국일을 변경하 면서 나의 귀국일에 일치하게 예약하여 함께 귀국하였다.

귀국 다음 날, 부산시 서구 대신동 2가에 있었던 나의 집에 그의 배우자인 황수로 원장과 함께 왔다. 황 원장은 큰 백 하나를 가져와 돈을 담았다. 약속어음은 다음 주 초에 경리직원이 나오면 줄 것이 니 염려하지 말고 오늘은 현금을 달라고 하여 가지고 갔다.

최위경 박사는 반환기일은 1969년 12월 31일이고 금리는 시중 은행 장기간 대출금리인 연이율 21%로 정하여, 회사명의 약속어음을 다음 주 초에 주겠다고 거듭 말했다.

그러나 그다음 주 초에 약속어음은 발행하지 않았고, 주말까지 주겠다고 약속했다. 하지만 1969년 말에 그 약속은 이행되지 않았다. 최 박사는 공장건설에 자금 수요가 많아서 부득이하게 상환하지 못하니, 1년만 연기해 달라는 이야기만 하였다.

1970년 12월 말에도 그는 전과 똑같은 말로 미안하다며, 1년만 더 연기해 달라고 하면서 약속된 금액을 지불하지 않았다.

약 3년 후에 최위경 박사는 부경대 교수직을 사임하고 태창기업의 전무이사로 전직했다. 대학을 떠나던 날, 나는 그에게 백지에 '믿을 신信' 한자를 써서 최박사에게 주면서 말했다. '붕우유신朋友有信'이라고. '신信이라는 글자는 사람 인人자와 말씀 언言자가 결합된 것이다.', '인생에서 가장 중요한 글자다.'라고 말했더니 그도 동감이라고 말하고 우리는 헤어졌다.

최 박사가 전무로 부임한 이후, 태창기업은 승승장구 성장과 발전을 계속했다. 한국의 신사와 공직자는 모두 태창의 골덴 양복을 입었다. 회사의 매출액은 증가일로였다.

연말에 최 박사에게 전화하였더니 지하철 부산대학교 역 앞 사거리에 위치한 태창기업 사무실에 오라고 하였다. 나는 달려갔다. '오늘 오후 서울에서 약속이 있어, 다녀와서 다시 연락하고 지불하겠다'고 말했다. 이와 같은 약속과 위약이 매년 반복되었다.

다음 해에는,

'내일 내가 중국에 고혈압 치료차 가는데 다녀와서 만나자.'

'다음 중국 다녀와서 차입금 전액을 약속한대로 반환하겠다.'

'믿을 신자, 명심하고 있다.'

'미안하다. 꼭 반환할테니 염려마라.'

그다음에도 다시 중국을 다녀와서 반드시 반환하겠다고 말했다.

최 박사는 중국을 다녀온 후, 고혈압과 과로로 인하여 쓰러져, 별나라로 떠나버렸다. 사업가로서의 수완과 예술가로서의 재능을 겸비한 황수로 여사를 두고서 최 박사는 어떻게 눈을 감았을까?

황수로 원장은 여러 차례 꽃 예술 전시회를 열었다. 해수욕장 백사장에 키 큰 대나무 숲을 조성하여 자연 조형예술을 처음으로 선보여 시민들을 깜짝 놀라게 하였다. 그의 스케일 큰 예술적 재능을 보여준 장면을 연출한 순간이었다. 아름다운 꽃들을 조화있게 배합하여 참가자들이 감탄사를 연발하게 하였다.

황수로 원장은 태창기업 대신에 골프장과 일맥문화재단을 맡고 있다고 한다. 황수로 원장이 법인의 이사장理事長이 된 것이다. 그 후 어느 날 일맥문화재단에서 사립대학 설립을 검토하는데, 나의 의견을 물었다. 나는 검토 끝에 메모를 건네주며, 21세기에는 소자

고령화 사회 도래로, 18세 인구가 감소할 것이 예상되니 단념하고 차라리 다른 방향을 물색하라고 알려주었다.

그러나 이상하게도 그때에도 일맥문화재단 황수로 이사장은 차용금 반환에 대해서는 일언반구도 없었다.

현재에 이르기까지 종무소식이다.

어느 날 황수로 이사장은 해운대 파라다이스 호텔 VIP룸에서 열리는 만찬장으로 나를 초대하였다. 오후 7시 정각에 현장에 나갔다. 약 열 명 정도가 모였는데, 그곳에는 김상훈 부산일보 사장을 비롯하여 일맥문화상 수상자들이 모여 있었다. 나는 '내가 왜 여기에 오게 되었는지 이유를 모르겠다.'라고 말했으나, 아무도 대답하지 못했다. 나는 그 자리를 박차고 나와 버렸다.

그 후 어느 날 부산상공회의소 강병중 회장이 주최한 골프대회에, 부산대학교 장혁표 전 총장과 나를 함께 게스트로 초청해서 함께 운동을 즐겼다. 경기가 끝난 후에 우리는 황수로 이사장과 골프장 회식장에서 우연히 만났다.

한참 후 어느날 장혁표 총장과 나는 황수로 이사장과 함께 세 사람이 한 조가 되어 골프 한게임을 소화하며 즐겼다. 이처럼 수차례나 이야기할 기회가 있었지만, 황수로 이사장은 1968년의 태창기업 양산공장 신축자금 긴급차용금 반환에 관하여는 한마디의 언급도 없었다.

어느 전문가의 조언은, 차용금에 대하여 50년간의 장기 이율로 추산하면 천문학적인 숫자가 되어 실현 가능성이 없으므로, 현실적인 대안으로, 양자간의 좋은 인연을 고려하여 현재 국립대 전임 강사의 3년 치 봉급으로 한정하여 타협안을 모색함이 현명할 것이라고 했다. 최 박사는 골프장 산 위에서 타협안을 지켜보고 있을 것이다.

    위선자는 천이보지이복하고 (爲善者天報之以福)
    위불선자는 천이보지위화 (爲不善者는 天報之爲禍)

    착한 일을 하는 자는 하늘이 복으로 갚고,
    옳지 않은 일을 하는 자는 하늘이 재앙으로 갚느니라

― 공자 ―

화려한 약속과 우울한 성과

프랑스 혁명 때, 우유 값이 높게 뛰었다. '어린이는 값싼 우유를 마실 권리가 있다.' 프랑스 혁명 때 급진파 지도자로 공포정치를 주도한 로베스피에르는 이렇게 선언하고, 우유가격을 강제로 내리게 했다. 이 조치로 우유값이 싸게 떨어졌다. 그러나 그 효과는 오래가지 않았다. 우유 가격 하락으로 수익은커녕 사료 값도 건질 수 없게 된 농민들이 젖소 사육을 포기했다. 우유공급량이 감소하게 되고 우유 값이 뛰게 되었다.

로베스피에르는 비싼 사료가격 잡기에 나서서 사료로 사용되는 건초 값을 내리라고 명령했다. 그러자 농민들이 건초 생산을 중지했다. 건초를 생산하더라도 원가마저도 기대할 수 없었다. 건초 공급이 감소하게 되자 사료 값이 올랐고, 우유가격도 당연히 오르게 되었다. 프랑스의 이 우유 값 소동은 현재 우리에게 낯선 일이 아니다.'시대'를 문재인 정부시대로 '우유'를 '부동산'으로 대입하면 현재 한국의 상황이 된다.

문재인 정부는 세입자를 보호하겠다고 '임대차 계약'을 2년 더 연장할 수 있도록 하고, 임대료 인상폭을 최대 5%로 제한하는 법을 7월 말에 시행했다. 그러나 정부의 장담과는 달리 세입자들은 고통을 호소한다. 전세 매물이 사라져버렸다. 남아있던 전세 매물은 가격이 연일 최고치를 갱신하고 있는 현실이다. 규제가 강화되자, 임대를 포기하고 실거주를 선택하거나 전세를 절반, 월세로 전환하는 집주인이 늘어난 결과다.

세입자에게 부담이 큰 반전세·월세로 바뀌는 사례가 늘자 정부는 규제에 나섰다. 전·월세 전환을 기존 4.0%에서 2.5%로 낮춘 것이다. 부동산 전문가들은'신규 세입자의 전환은 규제대상이 아닌데다, 기존 세입자에 대해서는 임대차 계약이, 집주인이 월세를 최대한 올려 받으려고 할테니, 결국 조삼모사 대책이 될 것이다.'라고 했다.

집 주인으로서는 세입자 동의 없이 전세값을 올려 받을 수 없고, 따라서 월세 수익률까지 떨어졌다. 세를 줘도 남는 게 없다며, 집주인들이 임대 물량을 거두어들일 경우에는 공급량 위축으로 임대료가 더 오를 것이라는 예측도 있다.

노벨 경제학상 수상자인 밀턴 프리드먼은 그의 저서 <화려한 약속 우울한 성과>에서 좋은 의도를 이야기하며 정부가 내 놓은 정책이 당초 약속대로 성과를 낸 경우가 있다면, 예를 들어보라고 하였고, '경제적 약자를 돕는다는 명목으로 실시한 정책은 당사자들을 더욱 빈곤하게 만들곤 했다.'라고 지적했다.

공익과 선의를 앞세운 정부 개입이 정반대의 결과를 불러왔다는 것이다. 프리드먼은 이 책에서 '불리한 입장에 있는 사람들을 위한다는 임대료 통제가 주택건설을 감소시켰고, 결과적으로 세입자들의 부담을 더 키웠다.'라고 주장했다.

현실을 외면한 정부의 시장개입이 어떤 결과를 초래하는지는 '역사'가 명백하게 보여주고 있다. '서민의 주거 안정'을 위한다면서 오히려 서민 세입자를 힘들게 하는 정부의 부동산 규제는 바로 시장개입 실패로 역사에 기록될 것임을 알아야 한다.

한탄강 유네스코 지질공원 인증

유네스코가 지난 7월 경기도와 강원도 일대 한탄강을 세계 지질 공원으로 인증, 발표했다. 세계 지질공원은 고고학적, 역사문화적, 생태학적, 지질학적, 그리고 미적 가치를 지닌 곳을 보전하고, 관광 자원으로 활용하기 위해 지정한다. 현재 세계 44개 국에 세계 지질 공원이 지정되어있다.

한탄강은 161번째 세계 지질공원이 되었다. 국내에서는 제주도, 경북 청송, 광주 무등산이 이미 지정되어있다. 한탄강은 네 번째로 지정된 것이다.

한탄강은 남북 군사분계선(DMZ) 일원의 청정생태계와 더불어 50

만~10만 년전 북한 오리산에서 분출한 용암溶岩이 굳어 만들어진 주상절리柱狀節離와 베개용암 등 보기 드문 화산 지형이 잘 보존되어, 지질학적 가치가 매우 높은 곳이다. 또 전곡리 선산 유적지, 고구려 당포성, 평화 전망대에 이르기까지 역사 및 문화적 명소가 많이 소재해 있다는 점도 높은 평가를 받았다고 한다.

유네스코는 세계 지질공원이 지속가능한 생태관광지가 되려면, 지역 주민의 참여가 필수적이라고 강조한다. 경기도 포천시는 이를 위해 강 주변 세 곳에 캠핑장을 설치했다. 이런 캠핑장은 대표와 직원들이 모두 지역 주민이다. 30여 가구가 합쳐 법인을 만들었고, 수익은 모두 지역이 가져간다. 주민 모두 주민의식을 가지고 일할 수 있도록 동기부여가 된다는 얘기다.

지난달 28일 포천시 관인면 화적연 캠핑장에는 주민 10 여명이 분주하게 청소와 정리를 하고 있었다. 장마로 난장판이 된 둘레길을 천으로 직접 닦거나, 쓰러진 나무를 함께 들어 올리는 등 정성을 기울이고 있었다. 운영자인 박흠부 씨는 '주민들은 한탄강을 내 집이라 생각하며 일을 하고 있다.' 고 말했다고 한다.

최근 코로나로 사회적 거리두기가 주목을 받자, 한탄강에 대한 관심이 부쩍 높아졌다. 포천 지역 캠핑장 3 곳에 마련된 야영부지 142 석은 주말이면 '예약'이 찬다. 화적연 캠핑장을 찾은 정재훈 씨는 '수려한 경관을 바라보며 쉴 수 있어, 한탄강 일대는 캠핑 명소로 소문이 이미 났다.' 라고 말했다. 한탄강의 50m 위를 가로 지르는 길이 200m, 폭 2m 규모의 '하늘 다리'는 올해 상반기 1~7월에 방문객이, 작년 같은 기간보다 약 12% 정도 증가했다고 한다.

지금까지 한탄강은 그 가치를 제대로 인정받지 못했다. 왜냐하면 한탄강이 북한에서 시작해, 군사분계선을 관통하는 전방 지역이라는 이유 때문이었다. 한탄강 일대는 6·25 전쟁 이후, 곳곳에 각종 군사 시설과 군부대가 분포해 있다. 또 홍수 시 하천 범람과 산사태 피해가 이어지자, 정부는 2001년 한탄강 댐을 건조하였으며, 주변을 모두 침수 지역으로 분류해, 농사와 거주를 금지하였다. 때문에 주민들에게는 오히려 애물단지가 되었다.

이에 대해, 포천시는 발상을 바꾸어, 한탄강을 '생태 관광 공원'으로 발굴하기로 방침을 세웠다. 정부가 이 지역에 공공 목적 사업을 허용했다. 특히 휴네스코가 인증하는 '세계 지질공원'에 주목했다. 포천시는 한탄강의 희소성에 관심을 가지고, 이를 지역경제를 이끌 명소로 만들 계획을 세웠다. 또 철원 및 연천과 협력하기로 했다. 또 경기도와 강원도 등 지방 자치단체와 협조 체재를 강화했다. 드디어 2015년에는 '국가 지질 공원'으로 지정되었다.

월드컵 주역 유상철 감독 하늘로 떠나

2002년 6월 4일 월드컵 조별 리그 폴란드 전, 20m 중거리슛으로 산뜻한 골인, 한국의 월드컵 축구 4강 신화의 첫째 관문을 연 유상철, 전 인천 유나이티드 감독이 6월 7일 아산병원에서 하늘나라로 갔다. 삼가 조의를 표하고 고인의 명복을 빈다.

유 감독의 삶은 고통과의 싸움이었다. 그는 중 고교 시절부터 왼쪽 눈이 잘 보이지 않았지만, 투지로 모든 경기 포지션(위치)을 소화할 수 있었다. 그는 건국대 졸업 후, K 리그 울산 현대 유니폼을 입고, 수비수와 공격수를 거쳐, K 리그 베스트 11에 올랐다. 2002년 월드컵 축구를 앞두고, 히딩크 호에 탑승하였다. 그는 2002년 6월 4일 부산에서 벌어진 월드컵 D조 예선 첫 경기에서, 중거리 슛 득점으로, 2대 0 승리를 이끌었다. 국민의 가슴을 시원하게 해주는, 유 감독 축구 인생 최고의 순간이었다.

유 감독은 일본 J 리그 요꼬하마 팀에서 한국 축구 선수의 참모습을 보였으며, 2006년 현역에서 물러났다. 이후, 대전, 울산대 그리고 전남 등을 거쳐, 2019년 5월 인천의 사령탑을 맡았다. 유 감독은 K 리그 1부 최하위(12위)에 있던 팀을 5개월 만에 10위로 끌어 올렸다.

2019년 황달증세로 입원했다가, 췌장암 4기 진단을 받았다. 유 감독이 암 진단 이후에도, 팀의 1부 리그 잔류를 위해, 그라운드에서, 비바람을 맞으며, 직접 지휘하는 모습을 보며, 인천 축구 팬들은 감격의 눈물을 흘렸다. 인천 팬 뿐만 아니었다. 유감독이 현역 시절 뛰었던 울산의 팬들은 "기적은 항상 당신과 함께 할 것"이라고 적은 현수막을 들고 응원했다. 일본 J 리그 요꼬하마의 팬들도 자국의 홈경기에서 한글로 '할 수 있다. 유상철 형'이라고 적은 플랜카드를 손에 들었다. 그 해 인천은 10위로, K 리그 잔류에 성공했다. 유 감독은 시즌이 끝난 2019년 지휘봉을 스스로 내려놓았다. 인천은 그를 명예 감독으로 선임하였다. 유감독도 팬들의 응원에 힘을 냈다.

유 감독은 입원과 통원 치료를 반복하며 암세포와 싸웠다. 2020

년 6월, 13 차례에 걸친 항암 치료를 마쳤고, 암세포가 현저히 줄어들 정도로 병세가 호전되었다. 그러나 유 감독은 금년 1월 몸 상태가 좋지 않아 병원에 가서, 암세포가 뇌로 전이되었다는 통보를 받았다. 그는 '이 상태로 쓰러지지 않겠다'는 투병의지를 불태웠다. 그러나 병세가 악화되어 병원에 입원해 치료를 받았지만, 6월 7일 눈을 감았다. 유감독의 별명은 유비다. 삼국지의 주인공이 난세를 평정하지 못하고 세상을 떠난 것처럼, 유 감독의 삶도 역시 이어지지 못했다. 하지만 그의 투지와 용기는 많은 사람들에게 희망을 주었다.

한국팀이 월드컵 축구 4위에 오르게 지휘 감독한 히딩크 감독은 '영웅이 떠났구나' 라고 애도를 표했다.

유상철 감독 안녕!

고대 올림픽

1. 고대 올림픽의 정신

올림픽의 정신은 스포츠에 의한 인간의 단련과 경기를 통한 국제 친선 및 평화의 증진에 있다. 근대 올림픽의 창시자 꾸베르탱은, 올림픽대회의 의의는 승리하는 데 있는 것이 아니라 참가하는 데 있다. 인간에게 중요한 것은 성공이 아니라, 노력하는 것이라고 말했다.

1896년 아테네에서 개최된 제1회 근대 올림픽에서 우승자는 그리스의 스피리돈 루이스(Spyridon Louis)였다. 그가 맨 먼저 스타디움에 들어오자 콘스탄티노스 공(후인 그리스 국왕)이 아스트랙을 달려나가 그를 맞았고 관중들은 환성을 터트렸다.

프랑스 작가 샤를 모라스는 꾸메르탱 남작에게 말했다.

"당신이 말한 국세주의는 민족주의를 죽인게 아리라, 더 강화시켰어요."

원래 올림픽은 그리스人 모두 공동으로, 제우스 신에게 제사를 지내는 종교적, 문화적 공동체에 속한다는 의식을 나누는 자리였고, 많은 웅변가가 모든 그리스人의 단합을 호소하는 연설을 하기도 했다. 그러나 실제로는 참가 국가 간 또는 개인 간 치열한 우승 경쟁을 피할 도리가 없었다. 이러한 갈등이 가장 첨예하게 표출된 시기는, 아테네와 스파르타가 냉전 상태에 있었던 기원전 420년과 기원전 416년 올림픽 경기 때였을 것이다.

기원전 480년 살라미스 해전에서, 페르시아 대군을 물리친 후, 아테네는 전성기를 맞았다. 그러나 그 이후 그리스는 세계의 패권을 두고, 스파르타와 격렬한 경쟁을 했다. 이 시기에 그리스의 많은 국가는 아테네와 스파르타라는 두 강대국 중 한 나라의 편에 서야만 했다. 그중 앨리스(ELis) 혹은 엘레이아는 경제나 군사적인 측면에서는 약소국이었지만 올림픽을 주최하는 나라로서 중요한 지위를 차지하였다. 이 나라의 올림픽이라는 장소에서 제우스 신에게 제사를 지내고, 스포츠 경기를 벌였다. 그런데 엘리스는 스파르타와 국경분쟁을 경험한 후, 아테네와 동맹이 되었다.

기원전 420년 올림픽 개최 직전 엘리스는 사소한 꼬투리를 잡아

스파르타의 올림픽 경기 출전을 금지시켰다. 제우스 신에 대한 공동 제사를 참여하지 못한다는 것은 '문명 세계의 인원이 될 자격이 없다'는 매우 심각한 '굴욕적 사태'다. 한 때 스파르타는 군대를 동원해서 올림피아로 침공해 들어갈까 고민하기도 했다.

2. 올림픽에서 가장 인기 있는 경기, 마차 경주

고대 올림픽에서 가장 인기 있는 경기는 마차 경주로 알려져 있다. 마치 경주는 2두 마차와 4두 마차 두 가지가 있었다.

그리스 지형은 언덕이 많아 마차 경주는 실제 전투에서는 거의 쓸모가 없는 것이었다. 하지만 마차 경주는 멋진 장면을 연출하는 데 가장 좋은 종목이었다. 마차 경주는 특이한 경기다. 경주 참가자는 자신이 직접 마차를 모는 것이 아니고, 다만 좋은 말과 훌륭한 기수를 출전시키기만 한다. 체력이나 기술이 아니라, 경제력의 경쟁이라고 말할 수 있다. 그리스 전역의 명망 있고, 부유한 가문에서 길러낸, 약 40개 팀 정도가 경주에 참여하는 정도였다.

스파르타는 전통적으로 마차 경주에서 강세를 과시했다. 그런데 기원전 420년 올림픽 대회에서, 스파르타의 경기가 금지되자, 리지즈(Lichas)는 동맹국인 보이오티아 소속으로 참전해서 우승했다. 금지를 어긴 것이 밝혀지자, 심판진은 리지즈에게 채찍질을 가했다. 이에 대해 스파르타인들이 극도로 분개한 것은 당연한 것이었다.

3. 아테네와 스파르타의 경쟁

다음 차례 기원전 416년 올림픽에서는 아테네와 스파르타의 경쟁이 더욱 격렬해졌다. 이때 마차 경주 참여자는 알키비아데스였다. 그는 아테네의 영웅 페리클래스의 양자이며, 소크라테스와도 친분이 있고, 유력한 정치인이었고, 아테네 최고 갑부 중의 한 사람이었다. 평소에도 그는 자신의 세를 과시하기 위한 과도한 소비형태로 구설에 오르기도 했다.

그가 올림픽 경기에서 전무후무한 일을 저질렀다. 마차 경주에 무려 7개의 팀을 동시에 출전시켰다. 자신의 정치 권력을 얻기 위함이었다.

4. 우승

오늘날 올림픽 경기에서 우승하는 것은 명예를 위한 것이었지만, 고대 올림픽에서 우승은, 상상하기 어려운 큰 명예와 함께 군 지휘권 혹은 식민도시 통치권 등을 맡기도 하는 것이었다.

5. 경비

당시 한 개 팀의 출전 경비는 약 5 달란트가 소요되었다. 7개 팀을 출전시키는 데 소요되는 경비는 막대한 것이었다. 참고로 달란트는 숙련공의 9년치 월급에 해당하는 금액이었다. 이처럼 많은 경비를 조달하려면, 협찬이 요청될 수 밖에 없었을 것이다. 그의 처가가 말을 기르는 명가였기에, 다행하게도 말을 제공해 주었고, 에게해의 도시 카오스는 말의 사료를 제공해 주었다.

마차 경주 참가자는 거대한 임시 건물인 파빌리온(Pavilion)을 세우고, 거기서 거주하면서 파티를 개최하였다. 한편 각 지방에서 올림피아에 몰려 온 약 8만 명의 관중은 개별적으로 텐트를 치고, 숙식을 해결하였다. 알키비아데스의 파빌리온은 에패수스 시가 마련해 주었다. 제사용 고기는 카오스 시민들이 조달해 주었으며, 포도주는 레스보스 시가 제공해 주었다. 이와 같은 재정적 후원은 모두 장래를 위한 정치적 투자의 일부분이라고 인식되었다.

우수한 실력이 있는 7개 팀을 출전시킨 결과, 알키비아데스는 1등, 2등 및 3등을 휩쓸었다. 금, 은, 동 메달을 동시에 싹쓸이 한 일은 올림픽 역사상 유일무이한 사례라 보아진다. 승리 파티도 엄청난 규모로 성대하게 거행되었다. 올림픽 대회의 절정은 소 100마리를 잡아서 제우스신에게 바치는 행사였다. 그들은 의도적으로 같은 날 파티를 개최하여, 유사한 수준의 희생을 바쳤던 것이다.

꿈 실현의 방정식

일기장 1955년 1월 1일

　　나의 희망

　　• 해양자원海洋資源 개발 : 선박해양음파 탐사선.
　　　10척 원양어선 100척
　　• 조선소造船所 : 강선분야 및 해양구조물 건조독크, 3개
　　• 교육기관敎育機關 : 해양탐사 개발
　　• 해양개발 관련 전문지식과 기본교양

　대학 2년 재학 중 만 20세때 나는 미래의 꿈을 그려서 일기장에 적어보았다. 이 꿈을 꼭 실현하기로 다짐하고 시험지에 크게 써서 벽에 붙여 놓았다.

다음해 초에 나는 이를 구체화하는 실행계획을 마련했다. 나는 내년 정월초하루 아침, 태양을 향해 나의 1년간 계획을 마음 속에 다짐하는 것을 습관화했다.

꿈이란?

꿈이란 '미래의 자기'이고 '희망'이다. 세상에는 여러 가지 꿈이 있다. 링컨 대통령은 노예해방, 이순신 장군은 거북선, 라이트형제는 인간이 하늘을 나는 것, 킹 목사는 인종차별 없는 세상, 케네디 대통령은 인간이 달 위에 걷는 일, 김정일 위원장은 한반도 적화통일 등... 나무의 방향은 바람이 정하고 인간의 일생은 꿈이 결정한다. 나는 일본 교포친구와 북 알프스에 등산한 일이 있다. 고도 2천 미터에 이르니 나무가 모두 하늘로 향하지 않고 비스듬하게 기울어져 있었다. 고도가 높아질수록 나누는 옆으로 누워있었다. 겨울철 북서계절풍의 영향으로 나무가 모두 남동방향으로 기울어지면서 자란 것이다.

사람의 일생은 젊은 날의 꿈이 결정한다. 청소년 시절 큰 꿈을 품은 사람은 후일 큰일을 성사시키고 훌륭한 사람이 될 수 있다. 작은 꿈을 가진 사람도 자기 꿈을 이루기 위해 혼신의 힘을 다하고 뜻을 이룬다. 반대로 꿈을 갖지 못한 젊은이는 미래가 어둡다.

꿈을 마음 속의 미래설계 그림이다. 인간의 마음 속에 천연색 그림이 그려지면 감정을 자극한다. 주먹을 불끈 주고 꿈을 쫓기로 다짐하고 땀을 흘리며 열정을 쏟게 한다. 꿈은 위대한 정신의 산실이다. 꿈은 풍요로운 삶을 이루는 희망의 원천이다. 꿈은 상상력의 동력이고 창조력을 키우는 촉매다.

꿈이 없는 사람은 인생의 희망이 없고 사는 목표가 없다. 가슴 속에 큰 꿈을 품자.

인생의 목적이 무엇인가? 인간은 왜 사는가? 한번 밖에 없는 인생을 어떻게 사용할 것인가? 우리는 인간 생활의 가치와 의미를 정의하는 인생관을 정립할 필요가 있다. 나는 청소년기에 이런 문제를 생각하면서 긴 밤을 지새우고 고뇌를 거듭했다. 인간은 생각하는 방식에 따라 삶의 결과가 달라진다. 고된 일을 싫어하고 불평불만으로 일생을 사는 사람의 인생과 높은 이상과 목표를 정하고 열심히 산 사람의 인생은 큰 차이가 생긴다. 멋진 삶, 성공적인 삶을 꿈꾸는 사람은 이에 걸맞는 사고방식을 가지고 꿈을 실현할 목표와 전략을 세워서 적극적으로 실행해야 한다. 절대로 포기하지 말자. 젊은 시절 나는 이런 생각을 하고 굳게 다짐했다.

8·15 광복 후 부산시내에는 『마당서점』이라는 길거리 책방이 많았다. 광복 후 일본인이 본국으로 철수할 때 귀중한 장서를 그냥 놓고 갔다. 이 중고서적들을 노상에 쌓아두고 판매하는 곳을 당시에

길거리 책방이라고 불렀다. 나는 이 귀중한 서적에서 많은 지식을 얻을 수 있었다.

당시 청년의 가슴에 와 닿는 말 중 기억에 남는 것을 들어본다.

- 클라크 박사 : Boys be ambitious ! (청소년들이여 야망을 가져라).
- 논어 : 열다섯 살에 학문에 뜻을 두었다(吾十有五而志于學)
- 카네기 : 열정을 갖고 전력을 기울이면 꿈은 이루어진다.
- 러보크 : 모든 능력을 실현하도록 하라. 상상하는 것보다 당신의 능력이 뛰어나다는 것을 발견하게 될 것이다.
- 마한 : 바다를 지배하는 자가 세계를 지배한다.
- 윈스틸 처칠 : Never never never give up (절대로 포기하지 마라).

청년의 꿈

수년전에 일본의 모 연구소에서 고등학교 학생을 대상으로 장래의 희망에 관한 앙케이트 조사를 실시하였다.

'장래희망을 갖고 있었는가?'라는 질문에 '희망을 가졌다'라고 응답한 사람은 프랑스, 미국, 한국사람 약 60%, 중국인 약 90%, 일본인 약 35% 수준이었다. 일본인이 낮은 것은 경제적으로 여유가 생겨서 목표를 향해 죽기 살기로 열심히 일하지 않아도 일정수준 생활이 보장되기 때문이 아니었겠나 생각된다. 꿈의 크기만큼 도전할 세상의 크기도 커진다.(존 오거스틴)

인간은 무엇을 위해서 사는가? 많은 사람들은 '가치 있고', '보람 있는' 일을 하기 위해서 꿈을 갖는다. 이 꿈을 실현하기 위해서는 역량을 길러야 한다. 즉, 인간자산人間資産을 형성해야 한다. 훌륭한 인성을 기르고 지식과 기술 등 역량을 강화하는 것이 필요하다.

성실함, 근면함, 불굴정신(강인함), 헤아림, 보시, 배려, 자기실현의 욕망, 인간애 등 인간의 좋은 품성에는 여러 가지가 있다. 이런 성품을 기르기 위해서 나는 독서, 강연, 토론을 즐겨했고 자문을 구하였다. 삼국지, 히틀러의 마인캄프(나의 투쟁)등과 같은 위인전과 영웅전을 찾아 읽었다. 나는 소년 때 수천권의 만화를 보았다. 추리소설과 과학소설도 읽었다. 플루타크 영웅전과 삼국지로 밤을 새우며 주먹을 불끈 쥐었다. 유비현덕이, 의형제 관우와 장비의 저항에도 불구하고 20세 연하의 제갈공명을 세 차례나 찾아가서 영입하는 장면은 인상적이었다.

나는 바다를 좋아한다. 그리고 바다를 개발하고 싶었다. 내가 이런 꿈을 품게 된 배경은 해양에 여러 가지 자원이 풍부하게 존재한다는 사실과 당시 우리나라는 1인당 연간 소득이 매우 작은, 세계에서 가장 작은, 가난한 나라였다는 사실이다. 일제 강점기에는 '배급쌀'때문에 우리 모두는 영양실조에 시달렸고 배가 고팠다. 광복 후에는 초근목피草根木皮로 끼니를 이어가거나 춘궁기에 기아로 인해 굶어죽는 자가 많이 생겼다. '민생고를 시급히 해결하고'가 군사혁명의 명분이고 구호였다.

꿈을 마련하는데 중요한 것은 자기가 하고 싶은 일을 찾는 것이다. 인간은 기본 '자질'과 '적성'이 있다. 자기를 둘러싼 환경조건이나 상황도 있다. 이런 여러 가지 조건을 고려하는 것이 필요하다. 그러나 이러한 조건에 얽매여서는 안된다.

적성·자질이나 환경·조건은 여러 가지 요인이 복잡하게 얽혀있는 것이다. 처음부터 유리한 조건을 두루 갖춘 인간이란 존재하지 않는다. 성공하는데 중요한 것은 큰 꿈을 가슴에 품고 꿈을 이룰 목표와 전략을 수립하고 구체적인 실행계획을 마련하여 자신감을 가지고 열정을 쏟아 실행하는 것이다.

인간의 일생은 짐을 지고 홀로 외로운 여행을 하는 것에 비유할 수 있다. 기관 없는 돛단배를 타고 대양을 항해하는 일이라 할 수 있다. 순풍에 돛달고 쾌주하는 날이 있는가 하면 바람 부는 날, 폭풍우가 올 때도 있다. 일정기간이 지나면 계획된 목적지에 도착하게 된다. 만약 목표가 없으면 들판에서 헤매고 해상에서 방황하게 된다. 꿈은 인간 여정의 목표 역할을 한다. 꿈을 품은 인간은 실행계획에 따라 인생 여행을 차질없이 성공적으로 마칠 수 있다. 꿈은 성장하는 것이다. 하나의 꿈, 첫 단계의 꿈이 이루어지면 차츰 다음 단계의 꿈이 마음 속에서 형성되고 성장하게 되는 것이다.

등산하는 예를 들어보자.
산에 오르면 그 이웃에 다른 산이 이어지는 것을 알 수 있다. 지금 오르는 산보다 높은 산이 보인다. 다음날은 그 산에 오르기로 작정하고 드디어 이를 실행하게 된다. 인생의 꿈을 실현하는 과정은 이런 등산을 반복하는 것과 같은 이치다.

꿈을 말하고 그린다

나는 꿈이 이루어지기를 열망하고 다짐했다. 그리고 하면 된다고 믿었다. 나는 꿈을 큰 소리로 말하고 종이에 쓰고 벽에다 써 붙이기도 했다. 밤에 '하면된다'라고 혼자 말하는 소리가 들리니까 처음에는 가족들이 혹시 정신이상이 생겼나 생각하고 이상한 눈으로 바라보기도 했다. 말은 행동을 일으키는 생각의 반응이다.

사카구치坂口는 그의 저서 '2류 인간'에서 영합의 천재 도요토미豊臣秀吉가 주군 오다 노부나가織田信長에게 환심을 사기 위해 "대륙을 공격하면 확실히 이길 수 있다"라는 말을 했다. 당시 주군 오다는 이 말을 듣고 기뻐했다고 한다. 후일 천하를 손에 쥔 다음에 도요토미는 무엇인가에 홀린 것처럼 승산 없는 대륙출병을 실행했다. 하지만 이순신 장군과 용감한 의병의 저항, 그리고 추위 등으로 인하여 그는 승리를 얻지 못했다. 사카구치는 말의 힘이 얼마나 무서운지를 모르는 그를 2류 인간이라고 평가했다. 이는 말과 자율신경계 간의 신비한 관계를 잘 나타내는 대목이라고 할 수 있다.

그 당시 나는 '꿈과 비전이 성취된 경우의 나의 미래상'을 그려 보았다. 사무실 사방 벽에는 자료, 도면, 지도 사진으로 메워져 있었다. 동쪽 벽면에는 해저지질자원 및 해저석유자원분포도, 대륙붕 및 어업자원 분포도 등이 붙어있다. 서쪽 벽면에는 세계에너지 수요·공급량통계, 세계 어업자원 수요공급량통계 등이 나열된다. 남쪽 벽면에는 해양탐사선의 단면도, 해저석유 굴삭선 및 원양어선의 설계도면 등이 부착된다. 북쪽 벽면에는 조선소와 해양자원 탐사 및 채굴현장 사진들이 들어차 있다. 전문 인력양성기관의 현황도 포함되어 있다.

이상은 나의 꿈 나의 비전이 실현된 시점의 나의 미래상을 그려 본 것이다.

비전이란 미래를 향한 인간·조직의 지침이 되는 이미지, 가치, 방향, 목표 등을 언어로 표현한 것을 말한다. 사람의 희망이나 미래의 꿈을 달성기관과 함께 표시하면 비전이 된다.

나는 꿈을 실현할 기간, 일정을 정하기 위해 중요성과 성취기일을 묶어서 고려하였다. 방법은 x축 방향에 단기간·장기간으로 분류하고 y축 방향에는 중요성이 낮은 것과 중요한 것으로 구분했다. 이와 같이 구분한 4개 영역 안에는 시급하고 중요한 일과 급하지도 않고 중요하지도 않은 일이 뚜렷이 부각된다. 먼저 실행해야 할 우선순위는 '시급하지는 않으나 중요한 것'이라 생각했다. 나는 20대까지는 전문지식과 교양 및 건강을 최우선으로 하고, 30대에는 전문지식과 과업을 최우선으로 정하기로 하였다. 그리고 여기에 전힘을 쏟았다. 전문지식은 해양공학, 경제학, 경영학 등이었고 교양은 인간개발, 역사, 철학 등 이었다.

지식과 교양

나는 국내 대학에서는 해양공학관련 대학, 대학원이 없음을 유감스럽게 생각하고 조선공학과 재학 중인 친우 장재원군과 함께 미국 MIT와 일본 동경대학의 대학원에 입학 지원 서류를 보냈다. MIT에서는 1인당 국민소득이 80달러 미만인 세계 최빈국에서 비싼 미국대학을 선택하기보다는 값싼 곳을 선택하라는 충고만 회신되었다. 동경대학에서는 국교가 없는 나라의 학생은 받을 수 없는 사정을 이해하라는 회신이 왔다. 나는 크게 실망했다. 하지만 좌절하지 않고 병역의무를 마친 후에 다시 도전했다. 두 번째 도전도 각각 실패로 끝났다. 하지만 나는 좌절하지 않고 다시 도전했다.

MIT와 도쿄대학의 대학원에 입학원서와 연구계획서를 다시 보냈다. MIT대학원에서는 국민소득 100달러 미만의 코리아 학생은 경제적 곤란이 따르고 전액 장학금은 할당이 어렵다는 이야기였다. 도쿄대학원에서는 수학 및 물리학의 기초과목이수 상황과 구체적 자료를 요구하였기에 송부하였다. 몬부쇼 장학금 혜택을 받는 행운까지 겹쳐서 드디어 대망의 학업을 이수하게 되었다. 미국과 일본을 합하여 여섯 번째 도전 결과 얻어낸 값진 수확이었다. 그 자리에서 나는 뛰었다. 뒷산에 올라서 미친 듯 큰소리로 외쳤다.

'하면 된다. 하면 된다.'

첫 학기 첫 시간에 지도교수는 영문원서 교재 세 권을 주시면서 다음 주부터 매주 한권씩 요약서를 작성하여 대학원 세미나 시간에 발표하라는 지시를 하셨다. 한권을 일주일에 적어도 세 번씩 읽어야만 개요를 파악할 수 있을텐데… 눈앞이 캄캄했다. 조교선생님에게 상의했더니 3일간 개요를 파악하고 2일간 정독하고 2일간 요지서를 작성하라는 요지의 가르침을 주셨다.

조교선생님은 쉽게 말씀하셨지만 개요를 이해하는 일은 매우 어려운 난제였다. 나는 한주일 동안 매일 새벽 4시까지 탐독하여 3매의 요지서를 작성하고 첫 번째 관문을 통과했다. 결과 나는 상처투성이가 되었다. 스트레스 축적, 수면부족, 과로 등…

지도교수께서 나의 수학, 물리, 유체역학 등 기초과학 지식, 외국어 및 일본어지식, 해양에 관한 기본지식 그리고 발표력 등 모든 것을 파악하셨다. 요시다 교수는 스미르노프의 '고등수학교정'이라는 응용수학 서적 세권을 주시면서 "한국인 학생은 외국어 실력은 우수한 반면 수학의 기초가 불완전하군." 이라고 말씀하셨다. 나는 수학강의를 수강함으로써 한국의 교과서에는 없는 응용수학의 상당부분을 보충할 기회를 얻는 행운을 갖게 되었다. 당시 한국 교과서의 수학과 물리학 등 기초과목에는 선진국의 그것에 비해 부족한 점이 있었고 선진국에 유학한 사람들이 모두 고난을 겪었던 것이다.

내가 꿈에 그리던 동경대학에는 역사와 철학 분야에서 세계적인 석학이 여러분 계신다는 사실에 착안하여 세계사, 논리학, 경영학, 철학 분야의 명강을 들을 수 있는 행운을 잡았다. 후일 내 인생의 좌표설정과 목표·방향설정에 튼튼한 기반이 되었다.

대학원 재학 중 나는 도쿄 근교에 있는 이시가와지마하리마石川島播磨 조선소와 미쓰비시三菱 조선소등의 해양구조물 산업부서에서 견학과 실습을 하게 되었다. 국립 지질광물연구소 등 각종자원 분야 전문기관을 방문하여 여러 가지 자료를 수집할 수 있었다. 새로운 정보를 얻고 많은 것을 체험하고 산 지식을 얻게 되었다.

목표 설정과 동기

꿈이란 미래의 어느 시점에 내가 도달하고자 하는 목표이다. 먼저 자기의 현재 상태를 확인한다. 목표에서 나의 현재 위치를 빼면 목표와 현실간의 차이가 앞으로 실행할 일이다.

실행할 일 = 목표 − 현실

많은 사람이 시간의 흐름에 따라 꿈을 망각하거나 포기해 버린다. 챔피언으로 태어나 패배자가 되는 순간이다. 나는 학력, 재능, 돈이 없어서 등의 핑계로.

블름박사가 성공한 사람 120명을 조사한 결과 성공의 비결은 재능이 아니라 "동기와 결단력"이라고 했다. 1633년 갈릴레오는 지동설을 설명하기 위해 새 망원경을 발명하여 천체를 관찰했다.

꿈 실현 방정식

꿈 실현 = 바람 → 신념 → 결심 → 목표 → 전략 → 실행
↓
자기계발

이것이 나의 꿈 실현 방정식이다.

인간의 삶에서 갖고 싶은 것, 하고 싶은 것이 있다면 먼저 이를 간절히 바라고(바람), 자기는 할 수 있다는 믿음(신념)을 갖고 실행하기로 마음을 정한다. 결단을 내리면 용기가 생기고 상상력이 풍부해진다. 목표를 설정하여 추진전략에 따라 실행한다. 자기계발을 통해서 능력이 용솟음치게 하고 건강을 유지해야 한다.

한 인간이 가진 것이란 자신이 형성한 인간됨됨이의 반영이다.

그것은 자신이 가능하다고 믿고 자신이 성취하기를 기대한 것이다. 만약 현재 이룬 것보다 더 많은 성취를 하려면 '더 유능한 사람'이 되어야 한다. 그러기위해서는 지식, 습관을 업그레이드하고 능력을 길러야만 가능하다.

사람에게도 품격이 있다. 훌륭한 인격은 성공한 사람의 필수요건이다. 인간의 품격이 낮으면 꿈을 실현하기 어렵고 성취를 해도 이를 유지하지 못하고 곧 사라지고 만다. 예컨대 복권 당첨자가 그 돈을 오래 소유하지 못하고 파산하는 경우가 많다. 백만장자에 걸맞는 사고방식을 개발하지 못했기 때문이다. 매사에 걸 맞는 사람이 되면 원하는 것을 얻고 성취할 수 있을 것이다.

나는 꿈을 실현하기 위해서 교양, 전문지식, 건강, 자기계발 등 각 분야별로 나름대로 철저하게 준비를 하였다.

영국 수상 B. 디즈레일리는 "인생 성공의 비결은 '기회'가 올 때 그것을 받아들일 준비가 되었는가, 그렇지 않은가에 달려있다." 준비가 되어 있지 않으면 기회가 와도 놓쳐버리는 수가 있다. 나이팅게일은 "사람이 5년간 같은 주제에 관하여 매일 1시간씩 투자하면 반드시 전문가가 될 것이다"라고 말했다.

꿈을 실현하는 것은 생각보다 쉬운 일이다. 꿈을 실현하는 것이 어렵다고 생각하고 포기한다면 이룰 수 없다. 꿈을 포기하지 않고 계속 유지하면서 꿈을 머릿속에 그려보고 이미지化하면서 일정에 따라 중간 이정표를 그려서 실행하면 꿈은 쉽게 이루어지는 것이다. 큰 꿈을 갖고 꿈을 향해서 크게 한 발짝씩 앞으로 나가자. 이용 가능한 자원을 최대한 활용하여 전략에 따라 목표 달성을 위해 전력을 다하여 실행한다. 실패한다고 좌절하지 말고 실패에서 다시 배운다. 도전하고 안 되면 다시 도전한다. 나는 미국 MIT 공과대학원을 세 번, 일본 동경대 대학원을 세 번 지원했다. 다섯 번 실패했지만 다시 도전하여 성공했다. 대학원 6수생이다.

"원대한 꿈을 품으라. 그것을 향해 한 걸음 한 걸음 나아가라. 서두르거나 꿈을 버리지 말라. 최선을 다한다면 꿈은 반드시 이루어진다." 세계에서 가장 높은 8천미터 16개 봉우리를 최초로 등정한 산악인 엄홍길씨의 말이다.

대학원 재학 중 해양건설관련 기업 및 조선소의 해양구조물분야 견학과 실습과정에서 현지공장 고위간부들이 자기회사에 올 것을 제의 받은 일이 있었지만 나는 귀국해야 한다는 결의를 보여주었다. 귀국 후 나는 인재 양성하는 대학으로 돌아와서 해양개발 전문인력 양성에 몰두하게 되었다. 해양자원 개발의 현장에는 그동안 여러 사람과 기업이 진출해 있었기에 나는 전문인력 양성이 기본적으로 중요하다는 인식을 갖고 이 분야에 몰두하기로 작정했다. 꿈도 진화하는 것이다.

대학총장

　국립대학 총장 직선제 도입에 따라 1993년 총장선거에 입후보하여 당선되었다. 취임식도 하기 전에 나는 인근 부산공업대학교에 인사차 방문해서 '양 대학 통합문제'를 제기하여 동 대학 총장과 통합원칙에 합의하고 합의문을 작성하였다. 성사될 때까지 공개하지 않기로 합의했다. 세부적인 것은 '대학통합추진위원회'를 만들어서 결정하기로 합의했다. (1994년 3월 2일, 임기첫날 취임식 하기전).

　총장후보로 나서기 전에 대학생, 교직원, 동문은 물론이고 워싱턴 소재 세계미래학회의 회원들과 협의 토론을 거쳐서 대학발전의 기본방향과 목표에 관한 골격을 구상하였다. 국내전문들과도 상의하였다. 대학이 추구할 가치를 '창의성創意性'에 두고 대학발전의 기본방향은 '대학의 연구교육의 질적 향상 및 세계화'로 정하였다. 발전 목표는 명실상부한 종합대학체제를 구비하고 새 해양질서를 선도하는 대학, 세계화를 지향하고 정보화를 선도하는 대학, 그리고 글로벌 인재를 양성하는 대학으로 하였다. 수년간 이어온 숙원사업인 교명개정은 당연히 포함되었다.

　총장선거 당시 수산대학교는 몇 가지 기본적인 문제점을 안고 있었다. 교육·연구조직이 취약하고 규모는 영세하였다. 학사제도·연구관리·장학제도·행정재정·문화후생 등에 문제가 산적해 있었다. 이들 문제점에 관하여 대학가족들의 의견을 충분히 들었고 이를 취합하여 해결책을 강구하겠다고 공약했더니 많은 표가 모였다.

나의 총장 리더쉽은 간단하다.

- 구성원의 요구를 잘 들어서 비전을 마련함.
- 비전과 목표를 공유하여 구성원을 동기부여함.
- 중요한 일을 우선하여 능동적으로 초스피드로 추진함.
- 공정한 행·재정운영

교명개정과 대학통합

한국의 대학교는 8·15 광복 후에 탄생하여 단기간 발전과정을 거치면서 공대, 의대, 농대등 단과대학들이 종합대학으로 합쳐져서 발전하였다. 그러나 유독 수산대학교만 타 대학과 통합하지 않고 독야청정을 구가하던 실정이었다.

총장입장에서는 단과대학으로는 '세계화' '시장화'의 큰 물결을 헤쳐 나갈 수가 없음을 강조하고 통합 후의 발전전망을 설명했지만 잘 먹혀들지 않았다. 학생, 교수, 동문, 학부모 등 거의 모든 분야에서 반대의 목소리가 커졌다. 제반사태는 장기전을 예고하는 것이었다.

먼저 대학 장기발전계획을 전문기관에 의뢰하여 마련하였다. 동 계획서에서 대학규모 확대를 건의하였기에 홍보자료를 마련하여 설득에 나섰다. 한때 해운대-서면간 도로를 반대시위 대학생들이 점거하여 교통이 대혼잡을 일으켜 소동이 벌어지기도 했다. 나는 5시간 선채로 학생 대표들과 공개토론을 거쳐 수십 차례 설득을 꾸준히 반복하였다. 2년여의 토론과 설명으로 반대의견을 상당히 잠재울 수 있었으며 포기하지 않고 인내심으로 설득한 결과 '규모의 경제'를 성사 시킬 수 있었음을 보람으로 생각한다.

대학통합을 성사시킬 경우 급속한 발전과 예산절감효과 등에 관하여 청와대를 비롯해서 문교부, 경제기획원, 총무처, 법제처 등 정부기관에 설명해서 동의를 얻었다. 마침내 '국립학교 설치령'을 개정하여 대학통합조치와 함께 『부산수산대학교를 부경대학교로 개명한다』는 내용의 국무회의 의결을 얻어냈다. 이것으로 6년간 끌어왔던 '교명개정'이라는 숙원사업은 막을 내리게 되었다. 그때의 감격과 환희는 영원히 부경인 가족들의 기억에서 사라지지 않을 것이다.

대학통합결과, 개명한 『부경대학교』는 명실공히 종합대학교의 체제를 갖추고 시너지 효과를 발생하게 되었다. 오랜 산고 끝에 새로 태어난 『부경대학교』는 일취월장하면서 비약적인 발전을 하고 있음은 주지의 사실이다. 부경대학교는 '인류의 밝은 미래 창조'라는 대학이념으로 28,000명 학생과 600여명의 교수님들이 내일을 개척하고 있다.

에코버시티(eco-versity)를 대학발전전략으로 하여 지구환경·에너지·조선·해양·수산, Nano·Bio·IT 융합기술 등 강점분야의 수월성을 보다 높이고 대학의 국제화에 전력투구함으로써 2020년 '세계100대 대학' 진입의 비전을 실현하려 한다. 대부분의 연구실은 자정까지 전등을 밝히고 있으며, SCI 인덱스의 학술지에 100편 이상의 논문을 발표한 교수가 속출하고 있다. 2007년 중앙일보 전국대학 학문분야 평가에서 '우수'로 선정되었으며 경제학부 교수 연구전국 4위, 물리학과 학생성과 3위에 올랐다. 동년 전국 혁신 '최우수 국립대학'으로 선정되기로 하였다. 수산해양 학문분야 연구비는 100억원으로서 전국에서 1위에 등극했다.

한국의 대학은 대부분이 8·15광복 후에 단과대학 규모로 태어났다. 6·25 전쟁 이후 경제발전과 교육열이 어우러져 종합대학체제로 빠른 속도로 개편 성장하게 된 것이다. 몸집이 불어나고 인구증가와 고교생 대학 진학률이 급상승함에 따라 대학의 대중화가 진행되었다. 대학사회에서는 '엘리트에서 매스화(massification)'라는 말이 생기게 된 것이다. 20세기 후반 한국사회에서는 시대 상황의 변화에 가속도가 붙었다. 대학을 둘러싼 환경조건도 급격히 변하였다. 양적 팽창에서 질적 변화를 추구하기 시작한 것이다.

교양 있는 지도자 양성이나 전인교육은 산업체에서 필요한 인력 공급이라는 명제 속에 가려져 빛이 바랬고, 고등교육정책의 좌왕우왕과 3불정책의 고수로 숨이 막히게 되었다.

대학 신입생의 수능 성적과 졸업생의 취업률이 대학에 대한 사회평가의 중요 요소가 된 지 오래다. 대학의 경쟁력이 중요시 되었고 개방화, 세계화에 따라 90년대에는 대학의 '시장화'라는 도전에 직면하게 되었다. 당시 단과대학 규모로서는 경쟁력이 낮기 때문에 이를 극복하는 방안으로서 규모의 적정화와 국제화를 이루는 공감대를 형성하는데 대학 구성원의 뜻을 모으게 된 것이다.

종래 우리나라 교육은 수동적인 방식이 주류를 이루고 있었다. 나는 학생들이 '창의력'을 기르도록 기본방침을 세웠다. 문제를 스스로 찾아서 해결책을 제시하는 능력을 기르는 시스템으로 바꾸어야 한다고 생각했다. 논어에서 말하는 '배우고 때때로 익히는 것'에서 '배우고 익히고 창조적으로 생각하는' 인재를 기르는 것이 현대 고등교육의 사명이라 생각하였다. 실행 과정에 많은 문제가 있었지만.

대학총장에 입후보한 목적은 21세기 글로벌화, 지식정보화 사회에 적응함으로서 세계적인 경쟁력을 보유하는 대학으로 육성하는 것이었고(목적가치), 총장직을 맡는 것은 그 수단에 불과하다(수단가치) 하겠다.

나의 삶

나는 인간사회를 위해 '봉사'하는 것을 삶의 가치라고 생각하고 살았다. 보시普施, 지계持戒, 인욕忍辱, 정진精進을 생활의 지표로 삼고 있다.

인간은 선천적으로 욕망을 갖는다. 욕망에 따라 자유를 무제한 사용한다면 남에게 해악이나 피해를 줄 수 있다. 자유를 스스로 억제하고 적절하게 행동하는 것을 불교에서 '지계持戒'라고 한다. 나는 인간에 대한 의리義理를 생명처럼 존중한다. 남을 헤아리고 돕는 것이 보시普施다. 노력이나 재물을 남에게 주는 것을 말한다. 나는 교수로 재직 중 억대의 현금을 출연하여 『약수학술재단』을 설립하였다. 이 재단은 해양지원개발분야의 교수와 대학생에게 연구비와 장학금을 지급하는 사업을 하고 있다. 인욕은 고난과 역경을 참고 견디는 것을 말한다. 실패해도 좌절하지 않고 다시 도전했다. 정진은 매사에 전력을 집중하는 것을 뜻한다. 노력을 이기는 천재는 없다. 꿈을 실현하기 위해서 나는 온몸을 던졌다.

노자老子의 도덕경에 물이야기가 있다.
상선약수上善若水 수선리만물이부쟁水善利萬物而不爭
가장 좋은 것은 물과 같다. 물은 만물을 이롭게 하면서도 다투지 않는다.

나는 물 따라 구름 따라 산다.

내 마음을 비우니 그 자리에 증자曾子의 '홍의弘毅'와 공자의 '인仁'이 채워진다. 내 마음은 호수처럼 잔잔하고 백담물처럼 맑다. 보시, 지계, 인욕, 정진을 되새기며 나름대로 이타정신 실현과 사회봉사를 계속 해왔다. 하지만 이 미력한 봉사가 사회발전에 얼마나 보탬이 되었는지는 미지수이다.

앞에서 꿈 실현이 방정식 6개항을 제시했다. 이 중에서 첫째 것을 포함해 절반만 실행한다면 꿈은 대부분 이룰 수 있을 것이며, 자기를 바꿀 수 있고, 미래는 서광이 보일 것이다. 6개 조건 중 첫 번째 바람이 가장 중요한 것이다. 간절한 바람은 굳은 의지를 수반하여 감정을 자극하고 실행에 동기를 부여하게 된다. 나 자신은 간절한 바람과 목표 설정을 포함하여 절반 정도를 실행했다고 생각된다. 다만 끝까지 포기하지 않았을 따름이다.

꿈을 품었으면 연도별 목표를 세우고 행동에 옮겨야 한다. 오늘 당장 시작하자. 늦었다고 생각되는 순간이 이른 시각이다.

"할 수 있을 때 하지 않으면 하려고 할 때 할 수 없게 되느니라."

— 존 러보크(영국 인류학자)

천리길도 한걸음부터다. 소처럼 느리지만 우직하게 앞으로만 나아가자. 변함없이 견고하게. 날씨에는 비바람이 있고 항해 중에는 풍파가 있다. 고난과 역경이 닥치면 나는 짧은 영시를 되풀이 한다.

No pain No gain (고난없이 성취없다)

큰 꿈을 품자. 꿈을 현실로 만들자. 꿈을 향해 나아가자. 나를 바꾸자 열정을 쏟자. 포기하지 말자. 절대로 절대로 절대로.

인성人性에 관하여

1998년 5월 미국 워싱턴대학교에서 워렌 버핏과 빌 게이츠의 초청강연이 있었다. 강연이 끝나고 질의응답 시간에 한 학생이 질문을 하였다.

세계적인 부자가 된 비결은 무엇입니까?

"간단합니다. 비결은 좋은 머리가 아니라, 인성입니다."

빌 게이츠가 그의 말을 지지했다.

"저도 버핏의 말에 전적으로 동의합니다."

성공한 사람들의 성공 비화를 들어보면 모두 닮아 있다.

하버드 대학에서는 훌륭한 인성을 강조한다.

훌륭한 인성人性이란 무엇인가?

용감勇敢, 강인强忍, 독립적獨立的 사고력思考力, 겸손함, 근면함, 배움을 향한 열정과 노력 등이다.

이처럼 좋은 인성을 가진 사람은 건강한 정신과 바른 행동으로 일상생활과 학업 그리고 일에서도 높은 성과를 거둘 수 있다.

한 인간이 자아를 실현하고 인생을 성공으로 이끄는 지름길은 바른 인성을 기르는 것이다.